JOST NEUMANN

# AUTOGENES
# GOLF

JOST NEUMANN

# AUTOGENES GOLF

## DER NEUE WEG ZUM BESSEREN HANDICAP

Die Deutsche Bibliothek –
CIP-Einheitsaufnahme

Ein Titeldatensatz für diese Publikation
ist bei Der Deutschen Bibliothek erhältlich

BLV Verlagsgesellschaft mbH
München Wien Zürich
80797 München

© 2000 BLV Verlagsgesellschaft mbH, München

Lektorat: Edith Ch. Kiel
Herstellung: Rosemarie Schmid
Einbandgestaltung: Joko Sander Werbeagentur, München
Umschlagfotos: Ulli Seer
Satz: Studio Pachlhofer/Tirol
Druck und Bindung: Pustet, Regensburg

Gedruckt auf chlorfrei gebleichtem Papier

Printed in Germany · ISBN 3-405-15828-1

# Inhalt

# Vorwort

Wer Golf richtig verstehen will, darf nicht nur die Oberfläche dieses attraktiven Sports betrachten. Für den Nichtgolfer ist die Faszination dieses wunderbaren Spiels nicht leicht erkennbar. Als Psychologe beobachte ich nicht nur andere Golfer, sondern auch mich selbst und frage mich immer wieder: Warum? Warum unterwerfen wir uns dieser Achterbahn von Gefühlen, warum erdulden wir diese intensive Art von Überschwang in dem einen und Verzweiflung im nächsten Moment? Warum können manche, unabhängig vom jeweiligen Können, mit den Widrigkeiten des Spiels so viel besser umgehen als andere? Warum verwenden wir so viel Zeit und Geduld, um ein Spiel zu meistern, dessen höchsten Gipfel wir niemals erklimmen werden? Spielen wir dieses wunderbare Spiel, weil wir den Erfolg suchen? Oder spielen wir, weil wir bei jedem Schlag darauf hoffen, neue Transparenz und Erfüllung zu gewinnen? Vielleicht wissen wir auch tief im Innern, dass uns dieses Spiel weit über die Spielbahn hinaus führen kann, dorthin, wo alles zusammenläuft. John Updike, einer der berühmtesten zeitgenössischen Schriftsteller, geht so weit zu behaupten: »Golf ist das Leben selbst...«

Dieses Buch ist anders als andere Golfbücher, sonst hätte ich keine Erklärung dafür, es geschrieben zu haben. Mit meinen Ansichten werde ich vielen konventionellen Lehrern des Golfsports vor den Kopf stoßen. Es ist radikal in seinen Ansichten und bricht mit den herkömmlichen Regeln. Ich bin kein Feind der Technik, sondern versuche lediglich, die Dinge in die richtige Reihenfolge zu bringen, die in unserer technikbesessenen Welt, die ihre Mitte verloren hat, durcheinander geraten ist. Golf entzieht sich dem technisch orientierten Begriffsvermögen, auch wenn es der größere Teil der Golfgemeinde nicht wahrhaben will, weil es so schwer ist, die eingetretenen Lehrpfade zu verlassen. Solange man sich diesem wunderbaren Sport über die übliche Denkstruktur zu nähern sucht, wird man das Pferd von hinten aufzäumen und dem gewünschten Ziel nicht näher kommen.

Wer hätte nicht schon den Satz gehört: »Lass den Kopf unten!« oder »Bleib hinter dem Ball!« und so weiter. Es ist so, dass wir oft genug genau in dem Moment, wo es darauf ankommt, alles vergessen, was wir vorher mühsam eingepaukt haben. Jeder Tennislehrer wird bestätigen, dass Spiele nicht durch großartige Schläge gewonnen, sondern durch Fehler verloren werden. Es gilt also zu lernen, wie man Fehler vermeidet, und deswegen geht es in diesem Buch nicht um neue Techniken und Tricks, sondern darum, den Weg zu weniger Fehlern im Spiel aufzuzeigen. Dieser Weg kann nur über die mentale Einstellung führen, denn die technische Seite des Golfs ist fast ausgereizt. Was uns Ben Hogan vor vielen Jahrzehnten in seinen »Five Lessons: The Modern Fundamentals of Golf« gesagt hat, ist heute noch modern und nur noch in kleinen Abschnitten verbesserbar.

Golf ist ein Spiel, das uns in den Spiegel unserer Seele schauen lässt: So wie wir auf dem Golfplatz sind, so geben wir uns auch in andereen Bereichen unseres Lebens. Wer beim ersten Abschlag weiche Knie hat, wird auch mit Schmetterlingen im Bauch in ein Examen gehen. Der Golfer, der nach einem Socket seinen Schläger wirft, wird vor die Wand treten oder mit der Tür knallen, wenn zu Hause oder im Beruf etwas schief läuft.

Golf gleicht einem Lackmus-Test: Das Ergebnis eines Schlages lässt Rückschlüsse auf die Qualität der Konzentration und der Tagesform zu. Wenn ich mein eigenes Spiel betrachte, dann kann ich daraus Rückschlüsse auf meinen Charakter ziehen und welche Fortschritte ich – durch »bewusstes« Golf – gemacht habe. Auch wenn es mir darum geht, die Qualitäten eines Mitspielers einzuschätzen, weiß ich nach einer Runde Golf ziemlich genau, wie er »gestrickt« ist und wo seine Stärken und Schwächen liegen. Allein die Art, wie jemand aus einer schwierigen Lage spielt (riskiert er etwas oder spielt er die sichere Variante, ist er halbherzig und verzagt oder zuversichtlich u. ä.) und welche Reaktionen er vorher gezeigt hat, erlauben mir, seinen Charakter zu erkennen.

Golf ist so viel mehr als lediglich ein Spiel oder ein weiterer Ball-sport. Den Unterschied macht nicht nur das äußere Bild eines Golfplatzes aus, der sich in seiner Vielfalt an topografischer Gestaltung und reizvollen Biotopen so wohltuend von den eher eintönigen Tennis- oder Fußballplätzen unterscheidet. Es ist – neben der gesunden Bewegung an der frischen Luft – die ständige Herausforderung des kleinen weißen Balles, der vollkommene Konzentration verlangt, will man ihn richtig treffen. Golf ist weit mehr als nur die Summe dieser Eigenschaften, und um dies erkennen zu können, bedarf es einer Veränderung der üblichen Perspektive. Es geht in diesem Buch darum, diese andere Sichtweise zu begreifen und zu erlernen.

Wenn wir lernen, uns von den üblichen Vorstellungen eines »Ball«-Sports freizumachen, besteht die Möglichkeit, in eine neue Dimension vorzudringen, die uns viel über uns selbst zu zeigen vermag. Anders als bei den meisten anderen Sportarten ist hier der Charakter gefordert, der es erträgt, in kürzester Zeit aus jubelnden Höhen in – scheinbare – Abgründe der Verzweiflung zu stürzen. Das Ego wird einer harten Belastungsprobe unterworfen und die wahren Qualitäten eines Menschen werden sichtbar. Ein Spieler, der Golf als Treibriemen zu einem Ersatz-Erfolgserlebnis missbrauchen will, wird fast immer enttäuscht und gedemütigt.

Michael Murphy, der Autor des Kultbuches »Golf in the King-dom« (Golf und Psyche), schreibt: »Wenn ich um mich schaue, dann sehe ich eine Wüste von gebrochenen Herzen. Aber wenn wir die Freude kennen lernten, die wir finden könnten, wenn wir vollkommen in unserem Geist und unserem Körper lebten, und wenn wir in einer Kultur lebten, die uns in kontemplativen Übungen ermutigte, dann würden wir kein Prozac (Sedativ) benötigen. Die Winde der Gnade blasen immer, aber du musst die Segel setzen.«

Mit »Autogenem Golf« will ich die mentalen Grundlagen dieses wundervollen Sports vermitteln und Ihnen helfen, die Segel zu setzen und die »Winde der Gnade« einzufangen. Natürlich ist auch eine gute Technik unabdingbar, nur wird sie meist enorm überschätzt und dadurch geht der eigentliche, sinnliche Aspekt des Golfs verloren. Die Schwungtechnik ist in meinen praktischen Kursen ein Bestandteil des Unterrichts, da das eine vom anderen nicht trennbar ist.

Neben der mentalen und technischen Seite des Golfspiels gibt es noch eine dritte, physische Dimension. »Mens sana in corpore sano« haben uns schon die alten Römer gelehrt, und ich denke, dass auch der Umkehrschluss gilt, wonach ein gesunder Geist die Voraussetzung für einen gesunden Körper ist, denn ohne – geistige – Motivation wird man kaum die Energie aufbringen, seinem Körper die Bewegung zu verschaffen, die er benötigt. Auf Golf bezogen bedeutet das: Wenn ich Golf mit der richtigen, mentalen Einstellung spiele, mich entsprechend viel in frischer Luft bewege und Freude beim Spiel erlebe, dann werde ich für meinen Körper das tun, was ihn gesund hält. Wenn mir allerdings das Spiel wenig Freude bereitet, weil der Ball nicht genau das macht, was ich mir vorstelle, und ich nur den Gedanken ans Gewinnen im Kopf habe, dann wird das physische Training nicht den gleichen gesunden Effekt haben.

Mein besonderes Interesse gilt dem Golfer über fünfzig, der diesen Sport erst in späteren Jahren erlernt hat beziehungsweise erlernt. In langen und mühevollen Versuchen habe ich an mir selbst feststellen müssen, dass man im fortgeschrittenen Alter gewisse Zugeständnisse machen und die Methodik des Lernens dem Alter anpassen muss. Mit anderen Worten: Ein Lehrbuch (oder Lehrer) nützt dem älteren Golfer nicht allzu viel, wenn die dargebotene Technik den flexiblen Körper eines Zwanzigjährigen verlangt. Es ist nicht nur nutzlos, sondern kontraproduktiv, wenn man diese Binsenweisheit aus lauter Eitelkeit nicht akzeptieren will. Es gibt genug Möglichkeiten, einem jüngeren Konkurrenten bei einem Golfwettspiel Paroli zu bieten, aber nicht mit einem Schwung, der die körperlichen Voraussetzungen unberücksichtigt lässt. Im fortgeschrittenen Stadium wird es dem mentalen Golfer außerdem nicht mehr wichtig sein, wie hoch oder niedrig sein Handicap ist; der Sinn dieses Spiels ist es, den Weg (also die Bewegung in der Natur, die Herausforderung des Spiels usw.) als das eigentliche Ziel zu sehen und nicht das Ergebnis oder den Score. Es ist sehr wichtig, diesen Satz zweimal zu lesen und wirklich zu verinnerlichen, denn zu viel Ehrgeiz wird dem Spieler auf Dauer mehr Frust als Lust bringen. Der ideale Golfer hat eine Veranlagung, die zwischen Phlegma und Ehrgeiz schwankt, oder, vielleicht treffender, zwischen weiser Demut und Arroganz. Die Kunst des Golfs besteht darin, die Balance zwischen diesen beiden Extremen herzustellen.

Noch mehr als andere Sportarten hat Golf eine sehr starke mentale Komponente. Man könnte sagen, dass die physisch-technischen und die mentalen Voraussetzungen einander die Waage halten, obwohl der geniale Golfer Ben Hogan gesagt hat, dass Golf zu 80 Prozent mentaler Natur ist und nur zu 20 Prozent aus Technik besteht – eine Meinung, die ich teile. Dennoch gibt es nur wenige Golfer, die nicht mindestens 90 oder gar 100 Prozent ihrer Trainingszeit in die technische Seite des Golfspiels investieren. Es macht wenig Sinn, nur die eine Seite einer Sache zu erlernen und die andere fast völlig zu vernachlässigen. In diesem Buch versuche ich, geistiges und technisches Training aufeinander abzustimmen und eine gesunde Grundlage für entspanntes und erfolgreiches Golfen zu schaffen, wobei die Freude am Spiel im Vordergrund steht.

Viele Dinge sind beim Golf anders als bei anderen Sportarten. Man bestimmt selbst das Tempo des Spiels und sucht den eigenen Weg, ohne auf einen Mitspieler, wie zum Beispiel beim Tennis, reagieren zu müssen. Man kann sich sein individuelles Ziel setzen und den ganzen Tag oder auch nur ein oder zwei Stunden mit diesem wunderbaren Sport verbringen. Ob man allein über den Platz geht oder einen »Nassau« mit kleinem Einsatz in Begleitung von Freunden spielt: Es macht immer viel Freude, vorausgesetzt, man spielt mit der richtigen inneren Einstellung. Vor allem: Golf kann man sein ganzes Leben lang spielen! Es erhält die Gesundheit, weil es mit viel Bewegung in freier Natur und schöner Landschaft verbunden ist.

Ich denke, dass Golf mehr für die physische Gesundheit tun kann als ein Fitnessstudio, weil das Gehen über die Fairways die Sehnen und Muskeln niemals überbeansprucht. Jeder Bewegungstherapeut wird bestätigen, dass die Sauerstoffaufnahme optimal und das ruhig-rhythmische Wandern der beste Ausgleich für das zu viele Sitzen ist.

Wenn Sie sich die geringe Mühe machen, »Autogenes Golf« zu lernen, so werden Sie nicht nur Ihr Spiel erheblich verbessern, sondern eine völlig neue und positive Perspektive zum Leben gewinnen. Auch das Lernen in meinen Kursen in einer kleinen Gruppe ist durchaus keine Mühe, sondern interessant, anregend und mit viel Spaß verbunden. Der »Schüler« macht ganz neue Erfahrungen über sich und lernt, mit dem Golf eine tiefe und freudvolle Verbindung fürs Leben einzugehen.

Meine Absicht ist es, Ihnen eine neue Perspektive für das Golfspiel zu vermitteln; umgekehrt kann Golf Ihnen eine ganz neue Art des »Sehens« vermitteln. Eine der Grundlagen meiner Schwungmethodik ist ein Gedanke aus dem Zen: »Wenn du über eine Sache sprichst, dann hast du sie schon verloren.« Bezogen auf den Golfschwung heißt dies: Je mehr du den Schwung erklärst, beredest und zerlegst, desto weniger wirst du ihn erfahren.

# Golf –
# mehr als ein Sport

Was macht Golf in der ganzen Welt so populär? Was ist das Mysterium, das weltweit geschätzte 100 (!) Millionen Menschen Golf spielen lässt? Auf diese Frage ist noch keine endgültige Antwort gefunden worden. In den USA gibt es ein altes Sprichwort: »Du kannst den Jungen vom Golfplatz holen, aber den Golfplatz nicht aus dem Jungen.«
Bereits am ersten Tag unseres Lebens beginnen wir mit dem Lernen. Unsere Neugierde vor allem in den ersten drei Lebensjahren ist unersättlich, und mit jedem neuen Tag machen wir Erfahrungen, durch die wir unser Wissen und unsere Fähigkeiten erweitern. Später in der Schule wird der dortige Massenbetrieb dem Individuum oft nicht gerecht; die große Zahl der Genies, die nie gute Schüler waren, mag ein Beispiel dafür sein. So geschieht es leider, dass der eine oder andere seinen Lerndrang ganz verliert und in eine Phase der Stagnation fällt.
Es gibt wohl nichts Traurigeres als einen Menschen, der seine Neugierde und Faszination für neue Dinge verliert. Wenn wir uns einem Sport wie Golf zuwenden, kann es geschehen, dass wir damit einer lebenslangen Faszination verfallen. Michael Murphy spricht in seinem Buch »Golf in the Kingdom« von Golf als »mystery school«, einer geheimnisvollen Schule also, da keine zwei Golfschläge einander gleichen und der Golfplatz sich ständig wandelt. Jedesmal ist das Loch an einer anderen Stelle, die Bedingungen des Platzes (Roughs, Fairways usw.) sind immer wieder unterschiedlich, und nicht zuletzt ist das Wetter ein weiterer, das Spiel beeinflussender Faktor. Auch der Schwung selbst differiert jedes Mal ein wenig, und selbst die besten Spieler der Welt, die tagtäglich trainieren, gestehen, dass sie kleinste Unterschiede in jedem Schwung fühlen können.

Es sind diese endlosen Variationen von Möglichkeiten, welche das Spiel so interessant, faszinierend und abwechslungsreich gestalten. Wenn Sie sich auf die Übungswiese stellen und dreihundert oder mehr Bälle hintereinander schlagen würden, gelänge es Ihnen dennoch nicht, den einen perfekten Schwung von vorhin zu wiederholen, auch wenn Sie die nächsten Jahre ausschließlich auf der Driving Range verbrächten. Selbst wenn Sie den Ball gut treffen, wird Ihr Schwung nicht genau der gleiche sein. Diese »Unfähigkeit«, den Golfschwung wirklich zu meistern, kann zur Besessenheit führen und ist der eigentliche Grund für die Faszination des Spiels. In meinen Kursen gehe ich zusammen mit meinen Studenten am ersten Tag mit nur einem Schläger und ein paar Bällen über den Platz. Es geht dabei nicht darum, einen guten Score zu erzielen, sondern das Spiel auf eine ganz spezielle Art zu erfahren und die mentale Seite des Spielers anzusprechen. Es ist eine gute Art, die Idee des Golfs spielerisch zu begreifen und den tieferen Sinn zu erfassen.

Nehmen wir an, Sie brauchen durchschnittlich neunzig Schläge für eine Runde auf dem 18-Loch-Platz und jeder Schlag nimmt ungefähr zwei Sekunden in Anspruch; das sind dann insgesamt drei Minuten, die wir tatsächlich spielen. Wenn wir dazu noch die Vorbereitung (Pre-shot-routine) addieren, die jeweils ca. fünf bis zehn Sekunden dauert, dann können wir weitere zehn Minuten dazuzählen. Bei einem typischen Vierer und normalen Spielverhältnissen haben wir also ca. 3 $^3/_4$ Stunden – das sind ca. 95 Prozent der Zeit, die wir auf dem Golfplatz verbringen –, in denen wir unterwegs sind und über unseren letzten Schlag nachdenken können.

Wir müssen lernen, mit der Zeit zwischen den Schlägen sinnvoll umzugehen beziehungsweise sie so zu nutzen, dass wir uns nicht richtungslos unseren Gedanken ausliefern. Im konventionellen Golfunterricht konzentrieren sich die Lehrer fast ausnahmslos auf die 5 Prozent der Zeit, in der wir den Ball schlagen, und ignorieren die restlichen 95 Prozent. Die Zeit zwischen den eigentlichen Schlägen kreativ zu überbrücken ist eine der großen Herausforderungen des Golfsports.

Golfer beurteilen alles und jedes, das liegt in der Natur der Sache: »Ich fühle mich nicht so gut heute Morgen, die Sauferei von gestern merke ich immer noch; der Helmut hat einen so schönen Schwung, wenn ich mir dagegen Dieters Hackerei anschaue, da wird es mir schlecht. Die Grüns sind wieder einmal miserabel und der Fairway besteht nur noch aus Divots. Das Wetter trägt auch nicht gerade zu meiner Stimmung bei« und so weiter. Manchmal bedarf es nur ein paar schlechter Schläge und man rastet völlig aus. Der Golfer ist immer auch ein bisschen verrückt und seinen Emotionen ausgeliefert, ohne aber zu wissen, weshalb das so ist.

Manchmal sind es die kleinen Gemeinheiten eines Mitspielers, die einem die Freude am Spiel nehmen können und den Spielrhythmus stören, so dass man die Konzentration verliert und das Spiel darunter leidet. Menschen, die ihren Sport als Transmissionsriemen zu Erfolgen außerhalb des Berufs sehen, trifft man leider nicht so selten, wie man sich das wünschen möchte. Sie sind die zusätzliche Belastung in einer Golfrunde, die ohnehin genug Stressmomente bereithält. Es gehört auch zur mentalen Stärke, mit einer solchen Belastung in einem Turnier fertig zu werden und sich ganz auf sein eigenes Spiel zu konzentrieren, ohne dass man sich von außen beeinflussen lässt. Wer diese Stärke im Spiel zeigt, wird auch im Alltag, sei es privat oder beruflich, mehr innere Stärke erlangen. Es ist also sicher keine Übertreibung, wenn man Golf nicht nur als wunderbaren Sport und ausgewogene, physische Übung betrachtet, sondern auch als Metapher für das Leben ansieht.

So schleppt ein jeder seine emotionale Hypothek über den weiten Fairway. Da ist es kein Wunder, wenn man unter solchen Voraussetzungen mal besser, mal schlechter spielt und immer ein Spielball seiner Emotionen ist. Warum lassen wir zu, dass der – unberechenbare – Flug des kleinen Balles unser Gesamtbefinden beeinflussen kann? Wäre es nicht viel schöner, wenn wir es schafften, die positiven Seiten einer Runde Golf (wie auch immer der Score sein mag...) zu sehen und uns dessen zu erfreuen, was wirklich ist?

Autogenes Golf soll Ihnen helfen, sich mehr auf die wesentlichen Dinge zu konzentrieren und damit die Vorbedingung für einen ruhigen, harmonischen Golfschwung zu schaffen. Es gilt, die Dinge zu betrachten, die tatsächlich um uns herum sind und nicht die Gedanken in unserem Kopf. Wenn wir lernen, auf die wirklichen Dinge zu schauen und nicht auf unseren quälenden, inneren Monolog zu hören, dann finden wir zur inneren Ruhe und Ausgeglichenheit. Genießen wir die herrliche Luft und die grüne Umgebung, die Geräusche des Windes und den Gesang der Vögel. Empfinden wir die Schönheit der Natur, mit ihren Teichen und bunten Blumen, lauschen wir dem Gesumme der Insekten und nehmen wir all die Schönheit wahr, die wir so oft nicht sehen, weil wir uns den Gedanken ausliefern und dem kleinen Ball eine zu große Wichtigkeit beimessen.

## Golf: ein mentales Spiel

*»Achte auf deine Gedanken,*
*sie sind der Anfang deiner Taten.«*

Dieses Buch ist nicht das erste, das über die mentale Seite des Golfspiels geschrieben wurde. Timothy Gallwey hat ein Werk mit dem Titel »The Inner Game of Golf« verfasst; Gary Player geht in seinen Büchern intensiv auf den mentalen Aspekt dieses Sports ein, der ihn berühmt und reich gemacht hat, wie überhaupt viele Autoren in der einen oder anderen Weise versucht haben, Lösungen und Hilfen bezüglich der mentalen Seite des Golfs anzubieten.

Bei Player lesen wir Beispiele, wie er sich selbst diszipliniert und durch meditative Übungen trainiert hat. Hier und dort gibt er Hinweise, wie der Lernende durch positive Formulierungen sich selbst Ziele setzt, um die richtige innere Einstellung zum Golf zu finden. Ähnliches erfahren wir bei Gallwey: »Versuche nicht etwas zu tun, tu es einfach. ...« Er verspricht sich von dieser einfachen Formel ein Optimum an Koordination und Timing beim

Schwung. Natürlich hat er recht, dass der Versuch (»trying«) grundsätzlich eine Kompensation für das Misstrauen in uns selbst und gewöhnlich nicht sonderlich erfolgreich ist. Ansonsten erfahren wir, dass wir den inneren Feind bekämpfen und uns mit unserem »Self 1 und Self 2« auseinandersetzen müssen.

Fritz Perls, der Begründer der Gestalttherapie, hat beobachtet, dass der Mensch als einzige lebende Spezies die Fähigkeit hat, auf das eigene Wachstum störend einzuwirken. Wie? Dies geschieht laut Perls dadurch, dass wir versuchen, etwas zu sein, was wir nicht sind. Er sagt: »Wer versucht, versagt (›trying fails‹).«

Michael Murphy kommt uns metaphysisch in seinem bereits erwähnten Buch »Golf in the Kingdom«. Er beschreibt uns seinen unwirklichen Shivas Irons als Großmeister und Guru des Golfs und geht mit seinen Mystizismen weit über den rein mentalen Part des Golfspiels hinaus. Harvey Penicks Golf-Weisheiten in seinem »Little Red Book« haben schon lange Kultbuchstatus erlangt, und kaum ein Golfer kommt an seinen Aphorismen und seiner Golf-Philosophie vorbei. Hier hat ein ›großer Lehrer seines Fachs Grundlagen geschaffen, die für lange Zeit Bestand haben werden. Er starb 1995 und hat bis zuletzt seinen Schülern mit dem einen oder anderen Rat geholfen.

Ich könnte die Aufzählung dieser bemerkenswerten Autoren fortsetzen. Sie alle haben sich sehr bemüht, uns die faszinierende geistige Seite des Golfs aufzuzeigen. Leider habe ich bei keinem der genannten Autoren eine Methode gefunden, um schwerere Probleme, wie zum Beispiel den »Yips«, erfolgreich zu beseitigen. Grundsätzlich müssen wir zwei Wege zum mentalen Training unterscheiden: Der erste Weg geht über das Erlernen und Trainieren bestimmter Verhaltensmuster, um dadurch in Stresssituationen ruhig und gelassen zu bleiben und in der Lage zu sein, die erlernte Technik hundertprozentig einzusetzen. Der zweite Weg, das »Autogene Training« von J. H. Schultz und dem von mir in den USA – in diesem Kontext – entwickelten und vielfach angewendeten »Autogenen Golf«, ist die einzige, millionenfach erprobte und wissenschaftlich bewiesene Methode, die in der Lage ist, spezielle Golfprobleme wie den Yips und andere damit verbundene Schwierigkeiten und Blockaden zu überwinden, die mit normalen mentalen Trainingsmethoden nur sehr selten zu meistern sind. Derartige, sehr spezielle Probleme entstehen manchmal durch negativ beeinflussende Verhaltensmuster über lange Jahre des Spielens, gegen die der Golfer zu kämpfen hat und die über das Oberbewusstsein nicht beherrschbar sind.

Oft genug ist es unmöglich, bestimmte Dinge über das Unterbewusstsein kontrollieren zu wollen. Fast jeder hat es schon einmal erlebt, wenn all seine Bemühungen, einschlafen zu wollen, fruchtlos geblieben sind und er gerade durch die bewusste Anstrengung, einschlafen zu wollen, genau das Gegenteil des Angestrebten erreicht hat. Sein Oberbewusstsein will den Schlaf, aber sein Unterbewusstsein suggeriert ihm, dass er hier schon lange ein Problem hat und deshalb nicht so ohne weiteres einschlafen wird. Erst wenn man eine Methode beherrscht, die sich verselbständigenden Gedanken abzuschalten, kann man das ersehnte Ziel erreichen.

Beim Golf laufen diese Gesetzmäßigkeiten nach vergleichbarem Muster ab: Man steht am Abschlag und starrt gebannt auf die hundert Meter Wasserfläche, die sich scheinbar endlos vor einem ausbreiten und wo man schon manchen Ball versenkt hat. Auch wenn man bewusst den Blick auf das Wasser vermeidet und sich einreden will, dass es gar nicht vorhanden sei, wird das Unterbewusstsein oft genug die Richtung des Balles beeinflussen, und je öfter man an diesem Loch im Wasser landet, desto schwieriger wird in der Zukunft diese schier unlösbar erscheinende Aufgabe. Man befindet sich in einem Teufelskreis, aus dem nur sehr schwer wieder herauszufinden ist. Es gibt bestimmte Dimensionen und Bereiche, die sich dem Zugriff des Willens (= Oberbewusstsein) weitgehend entziehen. Hier empfiehlt sich die Anwendung des Autogenen Trainings, auf dessen Techniken ich im letzten Kapitel dieses Buches eingehen werde.

Ein guter Golflehrer weiß, dass der mentale Aspekt des Golfs von eminenter Wichtigkeit ist. Aber ihm fehlt meist das psychologische Wissen, um eine Brücke zwischen der notwendigen Technik und dem mentalen Part zu schlagen. So bleiben meist alle Hilfen von der Seite des Lehrers in solch sattsam bekannten Ermahnungen stecken wie »Vergiss das Wasser! Konzentriere dich auf die sichere Seite!« und weiteren, wohlmeinenden Ratschlägen, die so gut wie gar nichts bewirken, da wir uns die gleiche Empfehlung oft genug schon selbst gegeben haben.

Unser Unterbewusstsein reagiert ausschließlich auf Bilder und Vorstellungen. Wenn man also vor dem besagten Wasser steht und daran denkt, wie man beim letzten Mal seinen Ball dort versenkt hat, dann erkennt das Unterbewusstsein dieses Bild als Befehl, und die feinmotorischen Muskeln, die dem Schlägerkopf im Treffmoment die Richtung geben, werden den Ball mit großer Sicherheit in Richtung Teich befördern.

Es ist eine Sache, die Mechanik des Golfschwungs durch oberbewusste Konzentration zu erlernen, aber eine andere, die mechanische Bewegung des Schwungs auch dann richtig auszuführen, wenn man abgelenkt wird, unter Druck steht oder Angst vor dem Versagen hat, wenn man zum Beispiel vor Zuschauern spielt. Hier hilft kein noch so guter Vorsatz, sondern man muss sich so konditioniert haben, dass man auch unter Stress vollkommen gelassen bleibt und sein Selbstvertrauen beibehält. Der nervöse Golfer ist oft derart irritiert und abgelenkt durch seine innere Unruhe, dass er völlig verkrampft und sich alle guten Vorsätze sowie die erlernte Technik in Luft auflösen. Verstehen wir uns richtig: Durch die passive Konzentration des Autogenen Trainings (im Gegensatz zur aktiven, oberbewussten Konzentration) verbessert sich nicht die Technik des Schwungs, sondern man lernt, alle äußeren Störfaktoren auszuschalten. Dadurch ist man in der Lage, das Erlernte hundertprozentig einzusetzen und sein Selbstvertrauen (einer der sechs Basispunkte, die ich im Kapitel über das Ego bespreche) zu festigen. Dieser Teil des Autogenen Golfs, das Autogene Training, bezieht sich auf die Bewältigung größerer Blockaden, wird also im normalen Trainingsbereich des Autogenen Golfs nur geringfügig angewendet und in einem Spezialkurs unterrichtet.

Der sog. Yips, das unkontrollierbare Zucken der Hände beim Putten, das schon viele gute Tour-Golfer zum Aufgeben gezwungen hat, ist mit Autogenem Training oder der entsprechenden Hypnose unter Umständen in wenigen Wochen oder Monaten eliminierbar. Ganz selten ist es auch möglich, den Weg über das Oberbewusstsein zu gehen; Bernhard Langer ist ein Beispiel dafür. Er hatte lange Jahre mit dem Yips zu kämpfen und nur mit unglaublichem Fleiß, Ausdauer und einer Technik, die seine Hände praktisch bewegungsunfähig macht, gelang es ihm, eine vorläufige Lösung für sein Problem zu finden. Allerdings hat er immer wieder Rückfälle zu verzeichnen, die bei dem einfacheren und wesentlich nachhaltigeren Weg über das Autogene Training längst vergessen wären. Außerdem können die nur oberflächlich abgestellten, psychotischen Fehler jederzeit wieder auftreten; hierfür gibt es genug Beispiele und auch Bernhard Langer hat diese Erfahrung machen müssen.

Die einmal erlernten Mentalübungen des Autogenen Trainings sind nützliche Werkzeuge, die in vielen Lebenssituationen, die anders kaum beherrschbar sind, eingesetzt werden können (Schlaflosigkeit, Rauchen, Asthma usw.). Es gibt für den westlichen Menschen kein Hilfsmittel von vergleichbarer Stärke, wenn wir einmal von den asiatischen Yoga-Techniken absehen, die aber für die meisten Menschen unseres Kulturkreises nur schwer erlernbar sind.

## Golf als autogene Erfahrung

Lassen Sie mich zunächst den Begriff »autogen« definieren. Dieses Wort bedeutet im weiteren Sinn »aus sich selbst heraus«; man könnte es auch mit »selbst erfahren, selbst bestimmt« übersetzen. Als Psychologe der humanistischen Psychologie habe ich die Erkenntnis gewonnen, dass nur das selbst Erfahrene, selbst Erlebte als tiefe Wahrheit erkannt und behalten wird. Im Gegensatz zum Wissen, das von einem Zweiten (Eltern, Lehrer usw.) vermittelt wird, ist nur die selbst erlebte Erfahrung unvergesslich und wirklich bleibend. Erst wenn ein Kind sich die Hand an einem heißen Gegenstand verbrannt hat, weiß es definitiv und endgültig. Würden vorher alle Mahnungen der Mutter zwar gehört und vielleicht auch geglaubt, so hat sich aber das tiefe Wissen erst durch die sinnliche Erfahrung manifestiert. Verstehen wir uns nicht falsch: Lernen geschieht auch und meist zuerst durch die Belehrung eines anderen, aber erst wenn ich den ersten selbst gemalten Buchstaben sehe und dieser lesbar ist, werde ich davon überzeugt sein, dass ich schreiben kann. So wie ein Kind durch Versuch und Irrtum laufen lernt, kann keine noch so genaue und intensive Beschreibung die eigene Erfahrung ersetzen.

In der Psychologie (und beim Golf!) gelten die gleichen Gesetze, und was man, beispielsweise, in einer Selbsterfahrungs-Gruppentherapie erlebt, das glaubt man, weil man die gewonnene Erkenntnis selbst erarbeitet und erlebt hat. Hier ist nicht der Gruppenleiter (als Lehrer und Allwissender) wichtig – er ist nur der Moderator –, sondern bedeutsam ist der Prozess, der in der Gruppe vorgeht und dem Einzelnen erlaubt, sich selbst zu erkennen und zu erfahren. Grundsätzlich sollte der Lehrer, ähnlich wie in einer Gruppentherapie, nicht mehr als ein Coach oder Moderator sein, der sich nur auf die wesentlichen Dinge beschränkt und dem Schüler erlaubt, sich selbst zu erleben und zu erfahren.

Will man auf dem Weg zum besseren Golf neue Erkenntnisse gewinnen, so muss man den konventionellen Weg der Wissensübertragung verlassen. Die mentale Methodik des Autogenen Golfs wird die verschütteten Instinkte wieder beleben und hilft Ihnen, den ganzen Schwung zu lernen, nicht seine einzelnen Teile, die Sie nur selten zusammensetzen können.

Die kreative, gefühlsmäßige Art des Lernens ist aufregend, niemals langweilig und immer neu. Es ist wie bei dem Lernen einer neuen Sprache. Wer lediglich Vokabeln paukt, wird den Lernprozess eintönig finden und die Sprache nur sehr langsam, wenn überhaupt, lernen. Wer durch das Hören und den täglichen Umgang mit der Sprache lernt, findet schnell den natürlichen Rhythmus und Sprachfluss, und das Lernen wird mit Sicherheit nie monoton. Natürlich gehört auch das systematische Erarbeiten der Grammatik dazu (vergleichbar zum Golf also der technische Part), aber dies ist nur ein Teil des Lernprozesses und nicht sein wesentlichster. Ein Kind lernt die Grammatik nicht aus dem Buch, sondern ausschließlich durch die Praxis des täglichen Hörens. Auch hier wieder die Analogie zum Golf: Die technischen Details können in einem bestimmten Stadium wichtig werden, weil sie das Gerüst der Sprache sind. Die Technik beim Golf ist »the icing on the cake«, also der Zuckerguss auf dem Kuchen – ein wichtiger und zusätzlicher Teil, um den Schwung abzurunden und zu vervollkommnen, nie aber die Sache selbst.

Ein Schwung muss zur harmonischen Einheit werden, und ein solches Lernen geht am besten und sichersten über das Fühlen und Erleben, also – wie beim Kind – über Versuch und Irrtum. Was ich fühle, das weiß ich (»Ich fühle, also erlebe ich [den Schwung]«), könnte man Descartes' Weisheit abwandeln, wenn man respektlos genug ist. Jede Einflussnahme von außen, die nur diesen oder jenen Teil des Schwungs kritisiert und zu verbessern sucht und dabei das Ganze aus den Augen verliert, wird den Fluss der Bewegung unterbrechen. Jeder Gedanke daran, was beim Rückschwung das rechte Bein macht, oder der Versuch, die Hände beim Downswing bewusst zu kontrollieren, führt zwangsläufig zur Verkrampfung und stört die Harmonie und den Rhythmus der Bewegung. Wenn Sie beim Radfahren gefragt werden, wieso Sie mit dem Fahrrad nicht umkippen, weil es doch eigentlich mit nur zwei Rädern gar nicht stehen kann, könnte es sehr schnell passieren, dass Sie umfallen, weil Sie plötzlich über die Gesetze der Schwer- und Fliehkraft nachdenken und durch den entstehenden Zweifel Ihre Balance verlieren. Der Verstand ist bei bestimmten Dingen sehr nützlich, wir sollten ihn aber nicht überschätzen und nicht dort einsetzen, wo er kontraproduktiv ist. Der Verstand (der eingebaute Computer) kann zum Beispiel durch das Lesen eines Buches zu einer neuen Erkenntnis verhelfen; im Fall »Golf« also zu der Erleuchtung, dass die Einheit des Schwungs wichtiger ist als seine Einzelteile. Wenn man aber versucht, diesen neuen Gedanken umzusetzen und entsprechend dem Motto Versuch und Irrtum trainiert, und so seinen Schwungrhythmus finden will, ist der Verstand überflüssig, ja, er steht einem geradezu im Weg. Es ist wie bei der Meditation: Erst wenn Sie das »Nichts« erfahren, also den Verstand abschalten, öffnen sich die Tore zum Bewusstsein, zum inneren Auge und zur kreativen Quelle. Damit ist gemeint: Erst wenn Sie sich »leer« machen, die angelernten Verhaltensweisen und vorgefassten Meinungen vergessen, können Sie etwas Neues an seine Stelle treten lassen. Wir alle haben eine vorgefasste Meinung über die Dinge, wie sie zu sein haben, und dieses Vorurteil verdunkelt unsere Sicht auf die Realität. Das »Nichts« erfahren wir nicht durch Formeln oder irgendwelche Rezepte, sondern es ereignet sich, wenn Sie ganz in Ihrem Tun aufgehen. Hilfestellung geben auch spezielle Konzentrationsübungen, die ich an anderer Stelle beschreibe.

Autogenes Golf hilft Ihnen, eine andere Art des Übens zu erfahren. Es ist eine Anleitung, »autogen« zu trainieren, um dadurch unabhängig vom Lehrer und Ihr eigener »Coach« zu werden. Aus diesem Grund bezeichne ich mich auch nicht als Lehrer, sondern als Coach, wobei ich den Coach als Helfer zur Selbsthilfe verstehe, also jemand, der den Spiegel hält, damit man sich selbst erkennen kann. In den nachfolgenden Kapiteln werde ich Ihnen den Weg erklären, wie Sie Ihr eigener Coach werden können und Ihren jetzigen Pro zum Coach machen. Verstehen Sie mich bitte richtig: Es geht nicht darum, Ihren jetzigen Lehrer zu ersetzen, sondern einen Weg zu finden, der Sie von allen Formeln und konventionellen Lernfesseln befreit und Sie in die Lage versetzt, Ihrem Pro zu vermitteln, den »Spiegel« so zu halten, dass Sie sich jederzeit darin erkennen und korrigieren können. Diese Aufgabe kann auch ein Freund oder Mitspieler übernehmen, solange er sich auf die Rolle des reinen Coachings beschränkt und Sie nicht mit unerwünschten Wissensinhalten traktiert. Ein Nichtgolfer kann manchmal in dieser Rolle ein besserer Coach sein als ein Fachmann.

# Ziele

Wenn Sie mit Golf anfangen, dann sollten Sie sich zunächst folgende Frage stellen: »Warum will ich Golf spielen?« oder, als bereits Fortgeschrittener: »Worin sehe ich den Sinn in meinem Sport?« Typische Antworten könnten sein:

• Ich will Spaß haben.
• Mir geht es um gesunde Bewegung in der frischen Luft.
• Mich interessiert das mit Golf verbundene Sozialprestige.
• Ich möchte mit Freunden zusammen sein.
• Golf kann ich bis ans Ende meines Lebens spielen.
• Ich liebe die Herausforderung.
• Ich will neue Dinge lernen.
• Golf kann ich zusammen mit meiner Familie spielen.
• Golf ist ein guter Weg zur Verbesserung der Konzentration.
• Ich möchte Selbstvertrauen entwickeln.

Diese Liste ließe sich noch um ein paar Antworten verlängern, aber ich denke, die wesentlichen Punkte für die übliche Motivation, mit Golf zu beginnen, sind aufgezählt.

Was erwarten Sie von diesem Buch? Wollen Sie Ihren Slice verlieren und ein niedrigeres Handicap anstreben? Sehen Sie die Lösung Ihrer Probleme im verbesserten kurzen Spiel, oder wollen Sie lernen, den Ball über zweihundert Meter zu schlagen? Glauben Sie, dass Sie einen besseren Stand brauchen und vielleicht der Griff geändert werden sollte, oder suchen Sie nach dem perfekten Schwung? Die meisten Golfer glauben, dass sie mit einem besseren Score die Ziele erreichen, die ich oben zuerst genannt habe. »Wenn ich erst einmal besser spiele, werde ich viel mehr Freude an den Dingen um mich herum haben.« Diese Einstellung hat fast jeder Golfer und trotzdem ist sie grundfalsch. Tatsächlich ist es genau anders herum: Erst wenn Sie die Dinge um sich herum genießen können, werden Sie den harmonischen Schwung lernen.

Der auf einer Runde erzielte Score ist vollkommen unabhängig von der Qualität der Freude am Golf. Aus vielen Jahren Erfahrung habe ich gelernt, das der Touring-Professional ebenso unglücklich über seine Par-Runde sein kann wie der Wochenend-Spieler nach einer Runde über hundert. Wenn Sie heute den Ball zweihundert Meter weit befördern, dann wollen Sie ihn morgen ein paar Meter weiter schlagen. Haben Sie heute Ihr Handicap um einige Schläge unterspielt, dann denken Sie nicht an die glücklichen langen Putts, die fast wie durch ein Wunder ins Loch gefallen sind, sondern erinnern sich nur an die unglücklichen Schläge, die einen noch besseren Score verhindert haben. Denken Sie einmal nach: Wie oft haben Sie einen Golfer getroffen, der mit seinem gespielten Ergebnis zufrieden war? Zeige mir einen zufriedenen Golfer, und ich zeige dir einen weisen Menschen.

Freude am Spiel kann man nur haben, wenn man locker und entspannt ist; das Gleiche gilt für den Erfolg. Locker und entspannt wird aber nur der sein, dessen Geist ruhig bleibt, und dies ist man in unserer aufgeregten und reizüberfluteten Welt nicht von Haus aus, das muss gelernt und geübt werden.

In meinen Kursen bereiten wir uns methodisch auf das mentale Training vor. Der mentale Teil des Golfs ist mindestens genauso wichtig wie der Pendelschwung, der den Instinkt anspricht und den Schwung so natürlich werden lässt wie den Wurf eines Steines. Durch Pendeln lernen wir das Fühlen des Schlägers und wie er ein Teil unseres Körpers wird. Der gleichmäßige Rhythmus beim Pendeln mit dem Schläger ist die Grundlage für ein neues Schwunggefühl. Auch wenn Sie ein fortgeschrittener Golfer sind, kann diese Übung Ihren jetzigen Schwung ergänzen, ohne dass damit einzelne Details bewusst verändert werden. Es geht darum, das Fühlen der Bewegung in den Vordergrund zu stellen, nachdem Sie sich im konventionellen Unterricht meist nur auf technische Einzelheiten konzentriert haben. Siehe hierzu auch das Kapitel »Lernen: Über das Üben«, in dem der spezielle Drill für diesen Pendelschwung beschrieben wird.

Das mentale Training ergänzt den Teil des Golfspiels, der fast nie trainiert wird, aber den größeren Anteil am Golf hat. Man muss hierbei unterscheiden zwischen dem Begriff des »mentalen« und des »autogenen« Trainings. Grundsätzlich gibt es im Autogenen Golf diesen Unterschied nicht, weil es die beiden Begriffe vereinigt. Dabei unterscheidet sich meine Methode vom sonst angebotenen Mentaltraining in der Weise, dass das Autogene Golf auf mentalen Anweisungen und Hilfestellungen beruht, die den Schüler auf den autogenen Weg der Selbsthilfe führen. Eine solche Hilfe ist meines Wissens nützlicher als die herkömmlichen Ratschläge vieler Psychologen, die sich meist nur in den wenig hilfreichen Anweisungen »du solltest dies tun, du solltest das lassen« erschöpfen, weil sie unabhängig macht, wenn der Schwung einer Nachbesserung bedarf.

Hinzu kommt, dass durch das eigentliche Autogene Training, das ein Teil des Autogenen Golfs ist, langjährig eingeschliffene Fehler beziehungsweise psychologische Barrieren überwunden werden können, die mit dem normalen mentalen Training nicht mehr zu beseitigen sind. Dabei müssen wir uns klar darüber sein, dass man zwar die Methodik des Autogenen Trainings in fünf Tagen (übliche Kursdauer) erfahren kann, aber die Dauer des danach durchzuführenden Trainings länger ist und von den individuellen Voraussetzungen abhängt. Bei Schlafstörungen kann man mit vier bis sechs Wochen rechnen, ehe der gewünschte Effekt eintritt (bei zweimaliger täglicher Übung), ebenso bei Verkrampfungen in bestimmten Situationen (erster Abschlag im Turnier usw.). Fehler und Ängste, die sich über Jahre manifestiert haben, können nicht mit einem »Pillen-Effekt« beseitigt werden. »Old habits die hard«, sagen die Amerikaner und genau das ist der Punkt. Auch wenn wir gewohnt sind, kleine Zipperlein mit einer Tablette gezielt aus dem Weg zu räumen, so hilft uns das nicht bei der Bewältigung tiefer liegender Probleme, vor allem, wenn es sich um den mentalen Bereich handelt. In den Autogenes-Golf-Kursen bekommt man die Anleitung zum Selbsttraining, und die notwendige Dauer dieses Autogenen Trainings hängt ganz wesentlich von der Übungsintensität und von der Größe der zu überwindenden Blockaden ab. Mehr zu diesem Thema unter dem Kapitel »Autogenes Training – Autogenes Golf«.

# Geist kontra Technik?

*»Golf ist zu 20 Prozent technischer und zu 80 Prozent
mentaler Natur.«*
BEN HOGAN

Sind die Begriffe »Geist« und »Technik« Gegensätze? Keinesfalls.
Sie gehören ebenso untrennbar zusammen wie Yin und Yang oder
die zwei Seiten einer Medaille. Es gibt keine Trennung zwischen
der Technik und dem mentalen Teil des Schwungs; die Übergän-
ge sind fließend. Wenn Ihnen der Lehrer das erste Mal einen
Schläger in die Hand drückt und Ihnen die Haltung sowie das Gefühl dabei zu vermitteln sucht, haben Sie bereits den Übergang
vom rein Technischen (Anordnung der Hände und der Finger auf
dem Griff) zum Mentalen (geistiges Erfassen dessen, was man tut)
erlebt. Das Gefühl des Schlägers, die Stärke des auszuübenden
Drucks der Finger auf den Griff sind Erfahrungen, die nur mental
umsetzbar sind.
Die Technik ist also ein wesentlicher Bestandteil des Schwungs.
Sie ist das strukturierende Element, die eiserne Armierung, die alles zusammenhält, und deshalb benötigen Sie auch den Unterricht durch einen guten Teaching-Pro, der Ihnen die technischen
Grundlagen erläutern kann, wenngleich er (wie bereits beschrieben) ab einem bestimmten Punkt nur noch als Coach fungieren
sollte. Wir dürfen nicht zu viel Gewicht auf den technischen Teil
legen, so wie es leider im konventionellen Unterricht meist der
Fall ist. Wenn Sie zum Beispiel ein Buch über Golf lesen, dann erfahren Sie sehr viel und manchmal Verwirrendes über Theorie
und Aufbau des Schwungs. Aber selbst der Autor wird nicht erwarten, dass Sie nur aufgrund dieser Lektüre den Golfschwung erlernen. Ein Buch soll als Nachschlagewerk und Anregung dienen,
nicht mehr. Das gilt für jedes Buch, auch für dieses. Erst wenn
beides, also der technische und der mentale Aspekt, in praktischen Übungen zusammenfindet, kann eine Symbiose und damit
etwas Neues entstehen.

Wir müssen uns also darüber klar werden, dass ein Golfschwung nie aus einem Faktor besteht, dem technischen oder dem mentalen, sondern immer aus beiden Komponenten. Wenn zum Beispiel der Lehrer – wie ich es oft genug beobachten konnte – so weit geht, dass er den Schläger des Schülers in die gewünschte (und scheinbar ideale) Rückschwunglinie führt, kann dadurch der Weg in eine fast ausschließlich technisch bestimmte Golfkarriere führen. Durch eine derartig einseitige Lerntechnik werden Instinkt und vorhandenes Talent fast immer bis zur Unkenntlichkeit verformt. Wie das? Lassen Sie mich diesen wichtigen Punkt ein wenig ausführlicher erklären, denn ich setze voraus, dass Sie Golf ernst nehmen und die Ursachen für einen besseren und wesentlich einfacheren Lernprozess wissen wollen.

Sie werden von mir nicht erfahren, welches die bessere (technische) Lehrmethode ist: ob der Leadbetter dem Bob Toski oder Jim Flick dem John Jacobs vorzuziehen sei oder ob UGLS die Ultima Ratio ist und so weiter. Kein Zweifel, dass die Amerikaner uns in golfschulischen Belangen weit voraus sind, schließlich ist Golf Volkssport in den USA und jede Stadt hat mindestens einen öffentlichen Golfplatz, wo jedermann zu kleinen Preisen spielen kann. Demgemäß ist die Konkurrenz unter den Golfschulen erheblich größer als in Deutschland, wo man oft genug um eine Lehrstunde beim Pro kämpfen muss. Trotzdem, auch in den USA wird am Schwung fast ausschließlich technisch gebastelt und gefeilt, dass es (für mich) ein Graus ist. In den einschlägigen Golfjournalen wimmelt es nur so von Formeln, Tipps und Methoden, der mentale Part wird meist nur nebenbei abgehandelt. Viele Golflehrer versuchen, die von ihnen propagierten Methoden als die allein selig machende Wahrheit darzustellen und der dankbare Golfer saugt das Angebotene auf wie ein Schwamm. Erstaunlich ist nur, dass der durchschnittliche Golfer sich nicht verbessert (es gibt Statistiken darüber). Trotz der unglaublichen Vielfalt der Beratungen und der unterschiedlichsten Lehrmethoden, der besseren Schläger und Bälle, von denen man noch vor zwanzig Jahren nur träumen konnte, ist kein Fortschritt in der Qualität der Amateurspieler zu verzeichnen, gemessen an der sich ständig vergrößernden Zahl der Golfer. Die Ursachen hierfür können also nur an der mangelhaften Schulung liegen. Auch hier sind Unterschiede zwischen den einzelnen Ländern auffallend. Während die Zahl guter professioneller Spieler in den USA, in England, Schottland, Spanien und Schweden ständig steigt und immer wieder viele neue Namen auf der Weltbestenliste der ersten hundert zu finden sind, lassen sich die guten deutschen Playing-Pros an den Fingern nur einer Hand abzählen. Die Ursachen hierfür sind vielfältig, und ich möchte mir nicht anmaßen, eine allgemein gültige Lösung zu wissen, aber in jedem Fall kann man davon ausgehen, dass wir auf dem Lehrsektor noch zum Entwicklungsland gehören.

Immerhin ist in den Vereinigten Staaten seit einiger Zeit ein Umdenken im Lehrbereich zu beobachten, und die mentalen Golflehrer und Psychologen haben großen Zulauf, weil erkannt worden ist, dass Erfolg und Freude am Spiel weitgehend von der mentalen Einstellung des Einzelnen abhängig sind. Trotzdem ist die Lage auf dem mentalen Sektor in den USA nicht so, wie sie sein könnte, und leider beanspruchen auch hier die lautesten Rufer den größeren Anteil am Golfkuchen.

Nur ein Beispiel, das für die gegenwärtige Situation bezeichnend sein mag: Dr. Bob Rotella ist der zur Zeit bekannteste Golfpsychologe in den USA und sein Buch »Golf is not a Game of Perfect« (deutsche Ausgabe: »Golf ist Selbstvertrauen«) wurde in viele Sprachen übersetzt und hat entsprechend hohe Auflagen. In diesem Buch beschreibt er die Auseinandersetzung mit dem schwierigen »Fall« Seve Ballesteros, der ihn um Rat gefragt hatte. Nachdem der »Doc« auf vier Seiten die Vorgeschichte Seves erörtert, kommt er auf der nächsten Seite in zwei Absätzen zur folgenden Rezeptur: »Ich sagte Seve, dass er zum alten Seve zurückfinden müsste. Er müsste lernen, seinen natürlichen Fähigkeiten wieder zu vertrauen. Er müsste die Einstellung des jungen spanischen Caddies wiederfinden« und so weiter. Das klingt für mich, pardon lieber Doc, wie der Rat an die auf dem Rücken liegende Schildkröte, sich gefälligst wieder rumzudrehen, wenn sie weiterlaufen wolle. Ich kann mir vorstellen, dass Herrn Ballesteros diese »psychologischen« Erkenntnisse irgendwann schon selbst gekommen sind und er sich sicherlich handfestere Hilfe erhofft hatte. Wie gesagt, hier handelt es sich um den angeblich besten Golfpsychologen der USA, zumindest um den bekanntesten. Es ist die Crux der meisten Psychologen, dass die Hilfe durch gute Ratschläge, wie in dem obigen Beispiel beschrieben, meist nicht viel nützt; nicht nur dann, wenn sich eine Irritation zu einer Psychose verschlimmert beziehungsweise ein Technik-»Guru« einen brillanten Instinktspieler wie im vorliegenden Fall in einen hilflosen Klempner-Golfer verwandelt hat (1997 hat Ballesteros dreizehnmal hintereinander den Cut nicht geschafft und im ganzen Jahr nur magere 14.000 US-Dollar verdient, die beiden folgenden Jahre waren nicht viel besser). In einem Fall wie dem eben geschilderten sollte ein kenntnisreicher Psychologe das Autogene Training von J. H. Schultz empfehlen beziehungsweise einsetzen, falls er denn mit dieser unschlagbaren Methode vertraut ist. Meines Erachtens ist es die einzige millionenfach erprobte Methode, die an die Ursache des eigentlichen Übels geht, ja, dieses sogar zu beseitigen vermag. Autogenes Golf ist eine Weiterentwicklung des bereits zitierten Autogenen Trainings von Prof. Schultz, das seit über siebzig Jahren in der westlichen Welt verbreitet ist und über dessen Erfolg ernstlich nicht mehr gestritten werden kann.

In einer Golfzeitschrift konnte ich Ende 1998 lesen, dass angeblich in der Mayo-Klinik an einer Methode zur Beseitigung des Yips geforscht wird (bei den Forschern muss es sich um ein paar äußerst engagierte Ärzte-Golfer handeln...). Möglicherweise wird hier das Rad neu erfunden, aber vielleicht, und das lässt hoffen, wenn man die enorme Kapazität dieser Klinik berücksichtigt, wird das Autogene Training vom alten Prof. Schultz in einer Weise verbessert, die seine Ergebnisse noch übertrifft. Es wäre wünschenswert, aber ich befürchte, dass wir doch wieder etwas bekommen, das der üblichen Erwartungshaltung der menschlichen Tablettenmentalität entspricht; vielleicht eine Art Laser-Akupunktur (Laser ist immer gut), schmerzfrei, versteht sich, und natürlich (oberflächlich?) schnell wirkend. Nun, wir werden sehen. Solange die Mayo-Klinik noch nichts zu bieten hat, sollten Sie es vielleicht mit der guten alten Methode des Autogenen Trainings beziehungsweise des Autogenen Golfs versuchen, die eventuell ein wenig länger dauert, dafür aber garantiert keine Nebenwirkungen hat und fast immer gelingt, vorausgesetzt, man übt entsprechend.

*Man kann seinen Schwung nur verbessern,*
*wenn man weiß, was der Schwung ist.*

## Erkenntnis, Bewusstsein und Instinkt

Im ersten Kapitel habe ich unter »Golf als autogene Erfahrung« davon gesprochen, wie wichtig Erkenntnis ist. Genauso wichtig ist Bewusstsein, also zu fühlen, was man tut (erfahren heißt wissen). Sie erinnern sich: »Ich fühle, also bin ich.« Der Weg zum Instinkt führt über das Bewusstsein beziehungsweise die Erkenntnis. So erreichen Sie Ihr eigentliches Selbst – die Person, die Sie wirklich sind. Haben Sie erst einmal diesen Weg beschritten und erfahren, wie gut Ihre Instinkte sind, dann realisieren Sie, wie dumm Sie vorher waren, dass Sie Ihre wertvollste Eigenschaft, den Instinkt, unbeachtet gelassen und stattdessen Ihrem Verstand vertraut haben.

Beginnen möchte ich diesen Weg über »Versuch und Irrtum«, so wie die Kinder (und alle guten Playing-Pros) lernen und wie zum Beispiel fortschrittliche und erfolgreiche Sprach-Lehrmethoden arbeiten. Fast alle Golfer befinden sich in der Situation eines Sprachschülers, der immer nur gelernt hat, einzelne Vokabeln in die jeweils eigene Sprache zu übersetzen und auswendig zu lernen. Zum einen ist diese Methode unglaublich ermüdend und uneffektiv, zum anderen habe ich noch keinen Menschen getroffen, der auf diese Weise eine Fremdsprache wirklich gelernt hätte. Jemand, der einem solchen Schüler etwas von einer Ganzheitsmethode erzählt, wird meist überhaupt nicht verstanden. Wie denn auch: Wie soll ich einem Vokabelpauker die idiomatischen Feinheiten zum Beispiel der englischen Sprache erklären, die er nur durch die Praxis (also hören und fühlen, »trial and error«) lernen kann? Gerade in dieser Sprache, die ein Idiom an das nächste reiht, ist es fast unvorstellbar, die Sprache wissenschaftlich zu lernen, so wie sie noch zu meiner Zeit unterrichtet wurde. Auch die scheinbar so leichte englische Grammatik und Syntax hat Tücken, die erst nach Jahren des Erlebens, also Fühlens, klar werden. Nach langer Zeit des Lernens war ich auf meiner ersten USA-Reise hoffnungslos verloren und wusste, dass zahlreiche Stunden meiner Schulzeit vergeudet waren. Ein Fehler, den ich dann viel später beim Golf wiederholt habe, ohne mir dessen bewusst zu sein, und den ich, wie bei der Sprache, mit großer Mühe korrigieren musste, von der Frustration und der damit verbundenen Entmutigung einmal ganz zu schweigen.

Beim Golf ist es nicht anders. Zwar ist der Schwung relativ einfach (wenn man ihn nicht unnötig kompliziert), aber das Spiel ist schwierig und so komplex, dass man sich ihm nur schrittweise nähern sollte. Beim Schwung ist das genau umgekehrt: Er wird erst in dem Moment kompliziert, wenn man ihn in seine technischen Einzelteile zerlegt, also sollte man ihn in seiner Ganzheit erfahren, damit man nicht im Sumpf der Details steckenbleibt. Um das zu begreifen, bedarf es der Wiederbelebung des jedem Menschen innewohnenden Instinkts; das Beste, das uns Mutter Natur mitgegeben habt, auch wenn wir es in unserer technisierten Welt nicht zu würdigen wissen und glauben, darauf verzichten zu können. In jedem Mensch steckt ein Golfer, man muss ihn nur erwecken! Friedrich Nietzsche sagte über den Instinkt: »Der Instinkt ist unter allen Arten der Intelligenz, die bisher entdeckt wurden, die intelligenteste.«

Um zu zeigen, wie gut der Instinkt funktioniert, setze ich manchmal in meinen Kursen folgende Übung gleich an den Anfang, die ich bei Fred Shoemaker abgeschaut habe: Nacheinander nimmt jeder Schüler einen Schläger seiner Wahl und schlägt einen Ball, so wie er es gelernt hat. Anschließend drücke ich ihm einen alten Schläger in die Hand und sage ihm, dass er ihn wegschleudern soll, ohne zu zielen, einfach so und ungefähr in die Mitte der Driving Range. Beide Schläge filme ich mit der Videokamera und führe anschließend beide Sequenzen vor: zuerst den ersten, regulären Schlag (mit Ball), wobei man – je nach Handicap – einen besseren oder schwächeren Golfschwung mit den üblichen Haltungsfehlern sieht, danach den Schwung ohne Ball.

Ein konkretes Beispiel ist Michael K., Handicap 18. Ich stoppe den Film am oberen Totpunkt des Backswings, man sieht einen »Reverse Pivot« (der Oberkörper lehnt sich beim Rückschwung in den Ball, also in Richtung Ziel, wobei der Körper keine Spannung aufbauen kann). Beim Downswing sehen wir einen der häufigsten Fehler: das »Werfen« des Schlägers beim Beginn des Abschwungs, der Körper bleibt stehen, der »Release« (Freilassen der Körperspannung) erfolgt zu früh und der Schlägerkopf »schaufelt« den Ball. Das Finish ist nicht viel besser: Die Ellbogen öffnen sich weit und die Drehung des Körpers wirkt steif und unnatürlich. Der Oberkörper hat eine leichte Neigung nach rechts, das Gewicht, das jetzt eigentlich zu 80 Prozent auf dem linken Fuß liegen sollte, befindet sich auf der entgegengesetzten Seite, nämlich genau umgekehrt auf dem rechten Fuß. Im vorliegenden Fall erleben wir (wie so oft) einen kraftlosen Slice und der Ball kurvt von links nach rechts. Alle sehen das Video und Michael ist überrascht und geschockt durch die unwiderlegbare Analyse seines schwachen Schwungs. Als ich ihn frage, was er an seinem Schwung ändern würde, höre ich: »Nun, ich muss zunächst beim Rückschwung mein Gewicht mehr nach rechts verlagern, damit ich hinter den Ball komme.«

»Hast du das vorher schon einmal versucht?«, frage ich ihn, und er antwortet bejahend und gesteht sich jetzt ein, dass dies offensichtlich wenig genützt hat. So frage ich ihn weiter, was er denn noch an seinem Schwung ändern würde, und er antwortet, dass er schon lange daran arbeite, den Schläger nicht zu »werfen«, sondern zu schwingen, und auch hier gesteht er ein, dass dies wohl ein vergebliches Tun gewesen ist.

Zuletzt sage ich zu ihm: »Du hast also offensichtlich sehr intensiv an deinem Schwung gearbeitet, und ebenso erkennbar hat die ganze Arbeit nichts gebracht. Wie kannst du erwarten, dass es jetzt mit neuerlichen Versuchen besser klappen könnte, nachdem wir alle sehen konnten, dass darüber hinaus noch einige weitere Fehler zu beseitigen sind? So wie es aussieht, steht dir noch eine Menge Arbeit ins Haus.« Allen Teilnehmern dieser Gruppe wird bewusst, dass Michael einem Komiker-Tolpatsch gleicht, der mit den Händen etwas aufstellt, was er anschließend immer wieder mit dem Hintern umwirft.

Wenn ich nach diesem ersten Film Michael und die übrigen Teilnehmer der Gruppe frage, ob sie sich vorstellen könnten, einen lockeren, runden Schwung wie ein Pro zu haben, dann sehe ich meist nur trauriges Kopfschütteln und Resignation. Ich habe herausgefunden, dass die meisten Menschen keine allzu hohe Meinung von sich haben und sich einfach nicht vorstellen können, außergewöhnliche Dinge zu tun, wie zum Beispiel einen runden und harmonischen Golfschwung zu erreichen. Diese niedrige Einschätzung der eigenen Fähigkeiten ist der Hauptgrund, weshalb viele Menschen in der Mittelmäßigkeit stecken bleiben, wobei falsche Methodik oft genug der eigentliche Grund für ein Minderwertigkeitsgefühl ist.

Ich frage Michael, wie er sich denn seine ideale Haltung vorstelle. Er beschreibt mir noch einmal genau, wie er das Gewicht hinter den Ball bringen und seinen Körper wie eine Feder spannen würde. Jetzt lasse ich die Bilderfolge seines zweiten Schwungs ablaufen und stoppe das Video wieder am oberen Totpunkt seines Rückschwungs. »Ungefähr so?« frage ich ihn und seine Augen werden immer größer. Sein Körper ist hinter dem Ball und gespannt wie eine Feder. Ich lasse den Film weiterlaufen, und der Abschwung beginnt mit dem Unterkörper und die Hände schließen sich genau an der richtigen Stelle. Der Schlägerkopf hat die größte Geschwindigkeit an dem Punkt erreicht, wo üblicherweise der Ball liegt – ein fast perfekter Schwung. Sein Durchschwung ist rhythmisch und rund, und sein Bild könnte in jeder Golfzeitschrift veröffentlicht werden.

Michael ist ganz durcheinander, denn dies ist der Schwung, von dem er immer geträumt und von dem er nie gedacht hat, dass er ihn jemals erreichen könnte. Genau so geht es den anderen Kursteilnehmern: Der Unterschied zwischen dem ersten und dem zweiten Schwung ist so gravierend, dass sie kaum ihren Augen trauen. Sie sind sich dessen bewusst, dass sich etwas Außergewöhnliches ereignet hat. Sie freuen sich und sind aufgeregt wie Kinder zu Weihnachten und alle fangen gleichzeitig an zu fragen: »Ist das denn bei mir auch so?«

»Das kann doch nicht wahr sein, Michael ist halt ein einmaliges Talent.«

»Woran kann das nur liegen?«

»Das ist Zauberei und sicher nur ein Trick von dir.«

Ich beruhige meine Studenten und lasse die nächsten Videoaufnahmen ablaufen. Wieder das Gleiche. Dieses Mal ein Handicap 22: ein unrunder Schwung beim ersten Durchlauf, ein Overswing beim Rückschwung (die Hände öffnen sich durch das Gewicht und die Hebelkraft des Schlägers am oberen Punkt), der Körper bleibt stehen und die Arme »werfen« den Schläger nach unten (genau wie bei Michael), ohne jemals Kontrolle zu haben oder den Schläger wirklich zu führen. Im zweiten Durchlauf, beim Wegwerfen des Schlägers also, sehen wir eine runde, rhythmische Bewegung, und man kann kaum einen Fehler im Schwung entdecken.

In all den Filmen, die ich bisher von Amateuren gemacht habe, war fast immer das gleiche Phänomen zu sehen: ein gravierender Unterschied zwischen dem ersten und dem zweiten Schwung. Ausnahmen konnte ich nur feststellen, wenn körperliche Behinderungen den Ablauf der natürlichen Bewegung beeinflusst haben. In dem Augenblick, wo man nicht nachdenkt, sondern einfach die Wurfbewegung macht, reagiert der Körper ganz instinktiv richtig, und es bedarf keiner Anweisung oder irgendeiner Formel. Oder haben Sie jemals über den Bewegungsablauf nachgedacht, wenn Sie einen Stein in die Hand genommen und in eine bestimmte Richtung geworfen haben? Haben Sie überlegt, in welchem Winkel Ihr Wurfarm steht und ob Sie das Gewicht richtig verlagert haben?

Die Folgerung aus dieser einfachen Erkenntnis ist klar: Ihre Instinkte sind ganz außerordentlich und es ist wichtig, dass Sie sich dieser Tatsache bewusst werden. Erst mit dem Tag, als Sie die erste Golfstunde genommen haben (weil Ihnen weisgemacht wurde, der Golfschwung sei viel zu schwer, als dass man ihn selbst lernen könne), haben Sie gegen Ihre Natur gearbeitet und angefangen, das Wertvollste – Ihre natürliche Veranlagung – zu zerstören, weil fast immer der falsche Weg des nur technischen Lernens beschritten wurde. Beim Lernen des Schwungs müssen Sie zu allererst darauf achten, alles Störende und Beeinträchtigende zu ignorieren, also beispielsweise die ständigen Einmischungen des Verstandes (oder eines Lehrers): »...das ist nicht richtig, du machst die falsche Bewegung, du verkrampfst total« (dabei ist es gerade der Verstand oder der Einwand des Lehrers, der die Verkrampfung hervorruft), »du solltest jetzt dies oder besser das versuchen« und so weiter. Ständig versuchen wir, mit dem Verstand Dinge zu kontrollieren, die ohne Einmischung ganz zwanglos funktionieren würden. Dass andere Golfer den gleichen Fehler machen und die Pros es meist auch nicht besser wissen, ändert nichts an den traurigen Fakten.

Diese Erfahrung, die der Kursteilnehmer beim Werfen des Golfschlägers gemacht hat, ist wesentlich stärker als zum Beispiel die Denkschule des »positiven Denkens«, das ich im nächsten Abschnitt bespreche. Warum das so ist? Der Golfer hat hier eine Erfahrung gemacht und etwas getan, was er hinterher mit seinen eigenen Augen sehen und somit glauben konnte. Das zeigt ihm jenseits aller Beteuerungen, wie stark sein natürlicher Instinkt ist. Er merkt, dass der »Irgendetwas-ist-immer-falsch«-Gedanke kein Schicksal, sondern reine Einbildung ist. Eine solche Erfahrung wie die des Schlägerwerfens ist meist der Durchbruch zu einer vollkommen neuen Einstellung dem eigenen Spiel gegenüber. Dabei müssen wir uns darüber im Klaren sein, dass die Erkenntnis eine Sache ist, das Umsetzen eine ganz andere. Wir alle kennen diese Situation, wenn man das Gefühl hat, eine Sache begriffen zu haben und somit der Verbesserung des Handicaps nichts mehr im Wege steht, bis wir dann wieder auf dem Boden der Tatsachen landen, wenn sich die »neue« Formel abgenutzt und als Fata Morgana erwiesen hat.

Das Problem ist: Wie gelangt man von der neuen Erfahrung (Schlägerwerfen) zum »Tun«, zum »Können«? Es ist dies der Hauptteil meiner Arbeit und jener Aspekt, der meine Arbeit so interessant für mich macht. Erst wenn der Klient durch eine solche Erfahrung motiviert ist, haben beide, Coach und Klient, das gute Gefühl, nicht mehr mitten im Strom in einem Boot ohne Paddel und Ruder zu sitzen.

Merken wir uns also: Das Wichtigste, aber nur der erste Schritt, beim Lernen einer neuen Sache ist zunächst, nachdem wir die Grundidee begriffen haben, die Erkenntnis. Das heißt im vorliegenden Fall also zuerst und vor allem das Weglassen all jener störenden Einflüsse, denen wir uns selbst ausgesetzt haben. Denn je mehr wir uns bewusst bemühen, jetzt nur ja keinen Fehler zu machen, oder daran denken, was man alles falsch machen könnte, desto eher verkrampfen wir und ruinieren unseren Schwung. Auch hier gilt die Aussage »Analyse ist Paralyse«. Nennen wir all diese kleinen Einflüsse, die vielen Gedanken, die unseren Kopf zum Schwirren bringen, mentale Bremsen. Also: Lösen wir die Bremsen und haben ein bisschen Selbstvertrauen.

Dazu eine kleine Geschichte, wie man die mentalen Bremsen lösen und die Amok laufenden Gedanken überlisten kann:

*Diese im Kopf schwirrenden und ablenkenden Gedanken sind wie eine Schar Kinder auf einer Geburtstagsparty. Wenn Sie die Kinder alle draußen auf dem Rasen versammeln möchten, dann gibt es zwei Möglichkeiten: Die erste ist, von einem zu anderen zu gehen und sie in den Garten zu verweisen. Aber Kinder haben nur eine kurze Aufmerksamkeitsspanne und lassen sich dauernd von neuen Gedanken ablenken. So rennt man wie ein Schäferhund von einem Kind zum anderen und versucht, die Kleinen in die richtige Richtung zu drängen. Vielleicht gelingt es einem schließlich, aber es ist eine Riesenmühe und hinterher ist man fix und fertig. Man kann es sich auch einfacher machen, indem man einen großen Becher Eiskrem aus dem Kühlschrank holt, nach draußen läuft und laut ruft:* »Eis!« *In ein paar Sekunden ist das Haus leer und alle Kinder sind dort, wo man sie haben will.*

Die erste Methode ist die Art, wie die meisten Golfer an ihrem Schwung arbeiten, die zweite ändert die Zielrichtung total und ermöglicht die Konzentration auf das Wesentliche (siehe den Abschnitt »Selbstvertrauen und die Kunst der Konzentration«). Wir wissen instinktiv, wie das Richtige zu tun ist (Beispiele: Steinwurf, Balance halten beim Radfahren usw.) und müssen nicht lange nachdenken, um die Bewegung zu erfühlen, die uns das Maximum an Kraft und Rhythmus gibt. Sie werden kaum einen guten Tour-Golfer finden, der keinen sehr natürlichen Schwung hat. Diese Spitzengolfer denken nicht viel nach und ändern dauernd ihren Schwung. Sie spielen immer dann am besten, wenn sie einfach zu ihrem Ball gehen, ihre Pre-shot-routine (siehe das Kapitel »Lernen: Schlagvorbereitung«) durchziehen, um ihre Muskeln (den Instinkt!) auf den Schwung vorzubereiten, und den Ball schlagen. Sie haben gelernt, ihrem Instinkt zu vertrauen und sich auf ihn zu verlassen. Wie bereits geschildert, gibt es genügend Beispiele von guten Spielern, die in dem Moment verloren waren, als sie aufhörten, ihrer Intuition zu folgen und dadurch gleichzeitig ihre Konzentrationsfähigkeit aufgaben.

Natürlich arbeiten alle guten Golfer ständig an der Verfeinerung ihres Schwungs. Manchmal ist es der Rhythmus, der ein wenig aus der Synchronisation ist, manchmal ist es ein kleines technisches Detail, das es zu verbessern gilt. Nur durch ständiges Üben wird man besser, vorausgesetzt, man übt methodisch richtig und dergestalt, dass man immer etwa Neues erfährt und das Trainieren dadurch nicht langweilig wird. Mehr darüber im Kapitel »Lernen«.

Bobby Jones, einer der begnadetsten Golfer unseres Jahrhunderts und der einzige Gewinner des Grand Slam, sagte einmal in einem Interview: »Der Golfschwung ist zu komplex, um ihn objektiv durch Gelerntes kontrollieren zu können.« Auf die Frage, auf was er sich denn bei seinem Schwung verlassen würde: »Instinkt. Instinkt, den ich durch Übung und Spielen geschärft habe. Je mehr ich von meinem Instinkt abhängig wurde, desto mehr habe ich die bewusste Kontrolle aus meinem Kopf herausgehalten und desto eher flog der Ball so, wie ich es vorher visualisiert hatte.«

Wie man den Instinkt trainieren kann? Hier ein Beispiel aus dem Judosport: Wenn man beim Utchimata, Kataguruma oder einem anderen Wurf aus Schulterhöhe vom Gegner auf die Matte geworfen wird, dann befiehlt der Urinstinkt, die Arme auszustrecken, um die Wucht des fallenden Körpers zu mildern. Dabei kann es sehr leicht passieren, dass man sich die Hand bricht. Beim Judo wird zuerst – vor allem anderen – das Fallen geübt, also der Instinkt trainiert, demgemäß man unmittelbar vor dem Auftreffen auf den Boden mit dem »langen« Arm auf den Boden schlägt, um so 80 Prozent des Körpergewichtes zu reduzieren und den Aufprall auf die Matte erträglich zu machen. Diese Übung, die Umformung des Urinstinkts, ist die Voraussetzung, um über längere Zeit diese Wurfübungen überhaupt trainieren zu können. Man trainiert also erst, nachdem diese veränderte Instinktübung so zur zweiten Natur geworden ist, dass man sie vor dem Aufschlagen auf die Matte automatisch ausführt.

Es gibt genügend Beispiele aus der professionellen Golfwelt, wo ein guter Spieler wie zum Beispiel Seve Ballesteros, von dem ich bereits gesprochen habe, von einem Technik-Lehrer so verformt worden ist, dass er seinen Instinkt für immer verloren hat. Wenn bei einem so genialen Spieler wie Seve der Verstand die dominierende Rolle spielt, geht das Wichtigste verloren, und nur in ganz seltenen Fällen findet er wieder zu seiner Intuition und seinem alten Spiel zurück. Hier noch ein weiteres, sehr bezeichnendes Beispiel: Marty Fleckmann hatte 1967 als Amateur ein blendendes Ergebnis bei den US-Open erzielt und beschloss daraufhin, Berufsspieler zu werden. Er gewann sein erstes Turnier und nahm sich vor, Golf bis zur Perfektion zu erlernen. Er ging von Lehrer zu Lehrer, die alle seinen Schwung derart zerlegten, dass es ihm nie mehr gelang, ihn wieder zusammenzusetzen. Nach ein paar frustrierenden Jahren beendete er seine Karriere.

Bei einem Amateur trifft das Gleiche zu, wenngleich auf einem anderen spielerischen Niveau. Seine Schwungbewegungen sind noch nicht so tief eingeprägt (je nachdem, wie lange er spielt), so dass ein neuer Ansatz leichter durchzusetzen ist als zum Beispiel bei einem Professional, der den Schläger seit seinen Jugendjahren schwingt. Das heißt, ein eventueller Schaden ist leichter reparabel, wenn auch mit Arbeit verbunden, und es ist immer ein Segen, als Lehrer einen unverformten Anfänger als Schüler in die Hände zu bekommen, denn ein leeres Glas ist leichter zu füllen als ein volles. Es ist ganz unglaublich, wie schnell Fortschritte erzielt werden können, wenn die Voraussetzungen dies zulassen. Ein Motto ist mir zur Leitlinie geworden. Es stammt aus den USA und heißt schlicht »KISS – Keep it simple, stupid«. Allerdings ersetze ich das letzte S durch ein anderes Wort, denn der Schüler ist keinesfalls dumm, sondern weiß es nicht besser. Den ursprünglichen Satz habe ich mir für die Lehrer reserviert, die ihre Aufgabe darin sehen, den Schwung so kompliziert zu machen, wie er beileibe nicht ist. Er ist relativ einfach, nur das Spiel ist schwierig, und man wird es nie ganz beherrschen. »KISS« übersetzt sich nunmehr mit »Keep it simple, smartie«.

## Die Kraft des positiven Denkens

Eine Möglichkeit, fehlendes Selbstvertrauen herzustellen, besteht aus dem »positiven Denken«, das keine Erfindung des New Yorker Pfarrers N.V. Peale (1898–1993) ist, der im Westen allerdings einer der Ersten war, der sich mit diesem Prinzip auseinandergesetzt hat. (Sein Buch »The Power of Positive Thinking« liegt auch in Deutsch vor.) Schon bei Vergil (70–19 v. Chr.) lesen wir, dass »der Geist die Materie bewegt«. Goethe hat es poetischer ausgedrückt: »Was wir in uns nähren, das wächst; das ist ein ewiges Naturgesetz.« In der humanistischen Psychologie kennt man die Kraft des positiven Denkens aus dem Psychodrama. Blaise Pascal, der große französische Philosoph, hat es ungefähr so ausgedrückt: »Beim Glauben an das Gute, Positive, das Helle und Lichte steht es wie beim Münzwurf. Auf der einen Seite ist das Gute und Positive, auf der anderen das Negative, Dunkle und Herabziehende. Es liegt an dir, welche Seite du wählst.«
Mit dem Vorsatz zum positiven Denken allein ist es allerdings nicht getan. Der Entschluss, positiv zu denken, beziehungsweise

die Erkenntnis über die Wirksamkeit dieser Denkweise ist nur der erste Schritt. Immer wieder gilt es, die Positivformel zu wiederholen, bis das positive Denken zur zweiten Natur wird. Eine eingängige Formel für das positive Denken mag zum Beispiel sein: »Was immer ich tue, es wird sich positiv auswirken und meinem Spiel helfen.« Dabei ist unwichtig, ob wirklich alles, was Sie tun, für den Augenblick das Richtige ist. Die Erfahrung lehrt uns, dass ein Fehler zur Quelle einer neuen Erkenntnis werden kann, da meist nur der Schmerz einer bestimmten Erfahrung uns zur Änderung unseres Verhaltens zwingt. Mit der positiven Einstellung zu seinen Fehlern wird man – bei entsprechender Anleitung und Übungsdisziplin – aus einem Slice einen Hook oder Draw machen können, dadurch sein Spiel verbessern und sich die Freude am Üben erhalten.

Weitere Formeln: »Wenn Golf nicht so schwierig wäre und so viele Aufgaben stellte, dann wäre es schnell langweilig. Hier habe ich eine Aufgabe gefunden, die mich wirklich fordert und darüber freue ich mich.« Oder: »Golf ist: Gesunde Bewegung in herrlicher Natur und Kontakte mit immer neuen Menschen, verbunden mit der Bewältigung interessanter Aufgaben.«

Zu Beginn mag Ihnen diese »neue« Denkweise schwer fallen (denn sind wir nicht meist auf das Negative programmiert?), und vielleicht hilft sie anfänglich auch nicht in jeder Situation. Sie werden aber schon bald feststellen, dass sich – nicht nur beim Golfen – Ihre allgemeine Einstellung zu den Dingen des täglichen Lebens ändern wird. Wie jede Philosophie wirkt sie jedoch nur, wenn man sie zu einem Teil seines Lebens macht.

Ein simples Beispiel: Für einen Landwirt mag ein Regentag, insbesondere nach einer langen Trockenperiode, sehr positive Aspekte haben, bei einen Golfer hingegen (wenn er sich seinem angelernten Denken ausliefert) löst ein solcher Tag eher negative Gedanken aus. Er könnte den Regen jedoch durchaus positiv bewerten, wenn er nur wollte. So könnte er sich sagen: »Immer noch besser als 40 Grad im Schatten, so wie zur Zeit in Spanien.« Oder: »Wie klar die Luft durch den Regen wird, wie frisch die Farben aussehen und wie wunderbar die Natur riecht, wenn es regnet.«

Es ist wichtig, sich klarzumachen, wie sehr unsere Denkweise von unseren Vorurteilen beeinflusst wird, und meist ist es diese Voreingenommenheit, die unsere Handlungen bestimmt, nicht die vorgefundene Realität. Es hängt allein von der Perspektive ab, wie man die Dinge um sich herum sieht und einschätzt. Das richtige Sehen macht den Unterschied und ist der erste Schritt zu einer positiveren Einstellung und damit einer Gesamtveränderung des Lebensgefühls. Eine Veränderung, die beim Golf beginnen könnte, sich aber natürlich nicht nur auf diesen Aspekt beschränkt.

Die meisten Menschen tun sich anfänglich schwer, positiv zu denken, weil sie sich zu sehr von ihrer Umgebung, Zeitungsberichten und dem Fernsehen beeinflussen lassen. Unter Journalisten gilt die Berufsweisheit, dass nur eine schlechte Nachricht berichtenswert ist. In der Darstellung eines Verbrechens zum Beispiel fehlt aber immer die Relativierung zur tatsächlichen Realität. Wenn also der X ermordet wurde, dann vergisst man über diese schockierende Nachricht den sehr wesentlichen Umstand, dass den restlichen Bewohnern Deutschlands, also rund achtzig Millionen Menschen, nichts widerfahren ist und somit die Wahrscheinlichkeit, ein ähnliches Schicksal zu erleiden, außerordentlich gering ist. Man wird durch einen solchen Bericht nur deswegen beeinflusst, weil man davon erfährt und das Wissen um diese Tat negative Emotionen auslöst, nicht etwa, weil man sich durch einen Mörder bedroht fühlen müsste. Die durch eine solche Nachricht ausgelösten diffusen Angstgefühle haben keinen realen Hintergrund und werden ausschließlich durch die eigene, negative Betrachtungsweise ausgelöst. Da man sich über die Mechanismen dieses Prozesses nicht im Klaren ist, liefert man sich seinen Angstgefühlen mehr oder minder hilflos aus.

Durch das obige Beispiel möchte ich beweisen, dass man meist auf die falschen Dinge schaut und sich davor hüten muss, bei jedem Schreck über ein Ereignis deswegen die ganze Welt negativ zu beurteilen: »Die Welt wird immer schlechter; die Jugend ist auch nicht mehr das, was sie einmal war; man traut sich ja kaum noch auf die Straße« – so etwa lauten die Stereotypen eines wenig reflektierenden Menschen. Die Welt ist, wie sie immer war und immer sein wird, und es ist nicht unsere Aufgabe, dem Schöpfer des Universums Zensuren zu erteilen.

Ich habe dieses Thema ein wenig ausführlicher dargestellt, da das positive Denken zwar eine sehr wichtige, aber auch schwierige Aufgabe ist. Es ist eine philosophisch-religiöse Einstellung, und wer damit umzugehen vermag, wird sein Leben ganz wesentlich vereinfachen und erleichtern. Aus meiner Arbeit weiß ich, dass sich fast alle Krisen des Lebens durch falsche Betrachtung und Unbewusstsein unnötig vergrößern und erst dadurch zur perönlichen Katastrophe auswachsen können. Eine – nennen wir es weniger dramatisch – Lebensaufgabe (Scheidung, Kündigung des Arbeitsplatzes, Krankheit oder Ähnliches) wird erst dann zu einem wirklichen Problem, wenn man es selbst dazu macht. Eine Scheidung beispielsweise kann den einen Menschen zum Selbstmord treiben, während der positiv denkende Mensch damit fertig wird, weil er keine Verlassensangst und keinen Verlust damit verbindet, sondern die Möglichkeiten eines neuen, interessanten Anfangs darin zu sehen vermag, der ihn aus seinem alten, freudlosen Trott reißt. Jeder hat es selbst in der Hand, den Blick neu zu justieren, also immer den positiven Aspekt eines Erlebnisses oder einer Begegnung herauszuarbeiten und die Augen ausschließlich darauf zu richten. Dadurch, dass man sich negativ beeinflussen lässt und sich aufgrund dessen entsprechend schlecht fühlt, hilft man niemandem und schadet nur sich selbst; außerdem gibt man das Gesetz des Handelns ab und lässt sich von außen manipulieren.

Zurück zum Golf. Ein guter Weg, um als Anfänger ein positives Gefühl zu seinem Golfsport aufzubauen, ist die Stellung leichter Aufgaben wie das Putten. Wenn Sie die ersten Putts von ca. 25 Zentimeter einlochen und sich dann langsam steigern, werden Sie ein sehr positives Gefühl entwickeln, denn Sie werden fast bei jedem Putt ein Erfolgserlebnis haben. Bewegen Sie sich nur langsam in eine schwerere Dimension hinein und überfordern Sie sich nicht. Ihre Geduld am Anfang wird später eine hohe Dividende für Sie abwerfen. Behalten Sie im Gedächtnis, dass Ungeduld und zu hohe Erwartungen an Ihr Talent ganz schnell Ihr Selbstvertrauen untergraben können! Geduld gehört zu den sechs Ecksäulen Ihres golferischen Fundaments (siehe hierzu auch das Kapitel über das Ego). Legen Sie eine starke Basis für Ihr Golf und Sie werden viel Freude dort finden, wo vorher Frust war.

Bei der praktischen Anwendung des positiven Denkens kann folgender philosophischer Gedanke helfen: Da alles relativ ist, gibt es nichts Negatives, demgemäß auch nichts Positives, denn die Natur kennt lediglich die Realität. Aus diesem Grund sind es nur die negativen oder positiven Gedanken, die einen in die eine oder andere Richtung denken lassen, und das Erkennen der objektiven Realität wäre rein zufällig. Denken wir immer an die bemerkenswerten Worte des großen Blaise Pascal und werden wir zu Meistern unserer Gedanken. Dies bedarf keiner großen Mühe und darüber hinaus ist die Belohnung ein enormer Zuwachs an innerer Kraft.

Auf Golf bezogen lernen wir, dass alles, was passiert, grundsätzlich positiv zu bewerten ist.

Jedes neue Denken beginnt mit einer einfachen Weisheit beziehungsweise selbsterkannten Wahrheit. Ein fortgeschrittener Golfer, sollte sich freuen, wie weit er im Vergleich zu seinen Anfängen schon gekommen ist, statt sich über das gestrige schlechte Spiel zu ärgern oder gar seine Energie an Überlegungen zu verschwenden, wie gut sein Ergebnis heute schon sein könnte, wenn er doch nur gestern diesen einen Putt nicht vergeben hätte – und was dergleichen Selbstvorwürfe mehr sind. Solche Selbstbespiegelungen sind etwa so nützlich wie Pickel im Gesicht. Wenn man bei einem Wettspiel auf die Runde geht und Freude am Spiel haben will, dann sollte man nicht unbedingt und um alles in der Welt gewinnen wollen, sondern den Sieg über sich selbst als Ziel sehen. Ob man den Pokal gewinnt, ist ziemlich unerheblich – die Chancen sind meist ohnehin gering und falscher Ehrgeiz zahlt sich beim Golf am allerwenigsten aus. Die Mitspieler und Zuschauer werden sich nach ein paar Tagen ohnehin kaum noch an den Namen des Siegers der A-, B-, C- oder sonstigen Klasse erinnern. Wenn Sie aber selbst erfahren haben, wie schön und lang andauernd das Glücksgefühl über ein besiegtes Ego ist, dann werden Sie den tieferen Sinn des oben Gesagten verstehen und daraus viel Kraft gewinnen. Denken Sie immer daran: Die schlechten Schläge sind der Humus, auf dem die guten Schläge wachsen.

## Die Kraft der bildhaften Vorstellung

*Imagination ist das Auge der Seele.*

Joseph Conrad, der englische Romancier, sagt in seinem Buch »A Personal Record«: »Nur durch die menschliche Imagination findet jede Wahrheit eine effektive und unbestreitbare Existenz. Imagination, nicht Erfindung, ist der überlegene Meister sowohl der Kunst als auch des Lebens.«

Eine weitere, wissenschaftlich erprobte und bewiesene mentale Hilfe ist die Visualisierung, das heißt die geistige Vorstellung des Schwungs. Diese Methode ist praktisch eine Weiterführung des oben genannten Gedankens der positiven Affirmation. Einen flüssigeren Bewegungsablauf beim Golfschwung kann man erreichen, wenn man den Schwung in Gedanken übt. Schwierige Bewegungsabläufe lassen sich auf diese Weise fast bis zur Perfektion verbessern, wobei der Grad des Fortschrittes ausschließlich von der Intensität der Übung abhängt.

Zu Beginn des Buches habe ich bereits im Abschnitt »Golf: ein mentales Spiel« darüber gesprochen, dass das Unterbewusstsein ausschließlich auf Bilder und plastische Vorstellungen reagiert. Da Worte vom Unterbewussten nicht verstanden werden, sind auch die Bemühungen des guten Zuredens fast immer erfolglos, weil sich nur – wenn überhaupt – ganz bestimmte Dinge (Bilder) einprägen, die durch ein bestimmtes Wort (das mit einem Bild verbunden ist) imaginiert werden, wobei es durch Verneinungen in der Formulierung durchaus zu einer Negativbeeinflussung kommen kann.

Alle erfolgreichen Golfer kennen die Kunst des Visualisierens und wissen, dass sie eine der Grundlagen für gutes Spiel ist. Jack

Nicklaus weist in seinen Büchern immer wieder auf die immense Bedeutung der klaren Vorstellung hin. Bevor er den Ball schlägt, sieht er in seiner Vorstellung einen ganz deutlichen Film vom Flug des Balles: einen Draw (von rechts nach links driftend) oder Fade (leichte Kurve von links nach rechts), einen hohen oder niedrigen Flug und so weiter. Er sieht den Ball nach der Landung aufspringen und in die gewünschte Richtung rollen. Ebenso verfährt er beim Putten: Nachdem er die Linie »gelesen« hat, sieht er, wie der Ball mit genau der richtigen Geschwindigkeit und dem richtigen Break auf das Loch zuläuft und hört das Geräusch des fallenden Balles. Dabei sollte man immer die komplette Version des erwünschten Schlages imaginieren und nicht nur einen Teil.

Wenn Sie noch nie oder nur selten den Flug oder das Rollen Ihres Balles visualisiert haben, dann wird es eine Weile dauern, bis sich das richtige Gefühl dafür einstellt. Wie alles andere auch muss die Vorstellungskraft durch permanentes Üben geschärft werden. Lassen Sie sich nicht entmutigen. Je mehr Sie üben, desto plastischer entwickeln sich die Bilder in Ihrer Phantasie, und nach und nach werden Sie erleben, wie der Ball immer öfter genau so fliegt und rollt, wie Sie sich das vorgestellt haben, denn die feinmotorischen Muskeln werden vom Unterbewusstsein gesteuert. Das ist oft genug bewiesen worden und es gibt lange Abhandlungen darüber. Wichtig ist: Glauben Sie daran! Verlieren Sie unter keinen Umständen den Mut, nur weil sich der Erfolg nicht schnell genug einstellt. Für Ihr Golfspiel ist es eine ungemein wichtige Voraussetzung, gut visualisieren zu können – ja, in Verbindung mit den anderen Übungen des Autogenen Golfs ist es die sicherste Voraussetzung, um Ihr Spiel in ungeahnte Höhen zu führen. Leider trainieren wir unsere Phantasie nicht mehr genügend, da die perfekte Bilderwelt des Kinos und des Fernsehens keinen Raum mehr für die Imagination lässt. Wer ein Buch gelesen und hinterher die Verfilmung der gleichen Geschichte gesehen hat, weiß, um wie viel besser und lebendiger die Gestalten und Ereignisse der erzählten Geschichte sich in seinem Kopf abgespielt haben, so dass der Film meist enttäuschend ist. Die Phantasie kann man trainieren. Aber es ist nicht damit getan, sich mal schnell – vor dem Schlagen des Balls – den Ballflug vorzustellen. Machen Sie es sich zur festen Regel, auch beim Üben den »Film« der gewünschten Flugbahn ablaufen zu lassen.

Am besten gelingt eine Visualisierungsübung am Abend vor dem Einschlafen. Vergegenwärtigen Sie sich das Bild eines harmonischen, runden Golfschwungs und sehen Sie sich dabei, wie Sie diese Bewegung immer und immer wieder ausführen. Ich erinnere mich an einen Studenten in einer meiner Gruppen, der nachts vom perfekten Schwung geträumt hatte und in der Lage war, diesen Schwung später tatsächlich mit der gleichen Perfektion auszuführen. Allerdings verblasste dieser Traumeindruck, und in wenigen Tagen war der Effekt verpufft, weil er die Visualisierungsübung nicht öfter wiederholte.

Beim Autogenen Training als Ergänzung und Fortsetzung des Autogenen Golfs kann man den Effekt einer solchen Übung derart verstärken, dass nach ein paar Monaten eine fast unglaubliche Vertiefung des Schwunggedankens erfolgt. Autogenes Training verlangt Übungsdisziplin und ist als Mittel der Wahl nur jenem Golfer zu empfehlen, der seinen Sport ernst nimmt oder von Yips oder anderen Golfzipperlein geplagt wird. Darunter fallen Startfieber und Startverkrampfung, hohe Erwartungshaltung (Überforderung), Minderwertigkeitskomplexe, Unfähigkeit, den erlernten Schwung umzusetzen, Konzentrationsschwäche, allgemeine Nervosität, Schlaflosigkeit vor einem Wettspiel und ähnliche Dinge, die einem harmonischen Bewegungsablauf im Wege stehen.

Damit Sie mich richtig verstehen: Autogenes Training ist in allen Lebensphasen eine unglaublich wirksame und starke Hilfe und jedem zu empfehlen, der nicht täglich meditiert und die geistige Stärke eines Yogi hat. Aber nichts gibt es umsonst und so erfordern Autogenes Training wie auch Autogenes Golf viel Hingabe und Trainingsfleiß, was erklärt, weshalb die meisten Menschen erst dann an ihren Fehlern zu arbeiten beginnen (und die nötige Disziplin dazu aufbringen), wenn ihr allgemeines Wohlbefinden beziehungsweise ihr Golfspiel im eklatanten Maße zu wünschen übrig lässt.

# Selbstvertrauen
## und die Kunst der Konzentration

*Wer seine Gedanken auf einen Punkt zu sammeln weiß,*
*dem ist kein Ding unmöglich.*

Selbstvertrauen ist die Basis jedes guten Golfschwungs. Die beste Technik ist nutzlos, wenn das nötige Vertrauen zu dem eigenen Schwung fehlt. Dieses Vertrauen setzt sich aus drei Hauptkomponenten zusammen:
- einem guten, rhythmischen Schwung (erreichbar durch häufiges Üben!),
- innerer Harmonie (positive Lebenseinstellung) und
- Konzentration (das Abschalten überflüssiger Gedanken, das durch entsprechende Übungen gelernt werden kann, die ich in diesem Abschnitt weiter unten schildere).

Trotz allen Übens kann es geschehen, dass der Schlag misslingt, da schon ein kleiner Konzentrationsfehler die Flugkurve des Balles erheblich zu beeinflussen vermag. Nur wenn Sie sich auf einen solchen Fehler innerlich vorbereitet haben und sich davon nicht irritieren lassen, werden Sie den nächsten Schlag wieder voller Selbstvertrauen ausführen. Dieses Selbstvertrauen sollte etwa zwischen Arroganz und weiser Demut liegen, die Unregelmäßigkeiten als etwas Unvermeidliches akzeptieren. Jedem Golfer passiert es, dass er sein Selbstvertrauen verliert und ins Schwimmen kommt. Wenn Sie jedoch mental trainieren und lernen, sich zu konzentrieren, werden Sie eine solche Phase schnell überwinden und sich wieder auf den nächsten Schlag konzentrieren können.

Lassen Sie mich zunächst verdeutlichen, was man unter Konzentration zu verstehen hat. Meines Erachtens ist Konzentration die Fähigkeit, seine Aufmerksamkeit auf einen bestimmten Gegenstand über einen bestimmten Zeitraum zu fokussieren. In einer Zeit der totalen Reizüberflutung sind wir darauf konditioniert, gedanklich von einer Sache zur nächsten zu springen, und vielen

Menschen fällt es schwer, sich für längere Zeit auf einen bestimmten Punkt zu konzentrieren. So ist zum Beispiel das größte
Problem unserer heutigen Schullehrer, die Konzentration der
Schüler auf das zu lernende Thema zu bündeln. Die jungen
Menschen wachsen in einer Welt auf, die es kaum zulässt, einen
einzigen Gedanken über einen längeren Zeitraum hinweg zu ver-
folgen.

Bei einem Besuch der größten Golfmesse der Welt in Orlando,
Florida, saß ich eines Abends im großen Kreis mit Pros aus allen
Teilen der USA an einem Tisch, und die Diskussion drehte sich
darum, welches das wichtigste Element beim Golfspiel sei. Nach
langem Hin und Her einigten sich die Anwesenden darauf, dass
die Konzentration der wichtigste Aspekt des Golfs sei. Auf meine
erstaunte Frage, welcher von den anwesenden Lehrern denn dieses Fach unterrichte, herrschte betroffenes Schweigen. Auch meine zweite Frage, wo ich denn besagte Konzentration lernen könne
und welche Schule mir da helfen würde, wurde mir nicht beantwortet. Tatsächlich sind sich die meisten guten Golflehrer bewusst, dass der mentale Anteil des Golfs größer ist als sein me-
chanisch-technischer. Dennoch unterbleibt, vielleicht aufgrund
mangelnder Ausbildung, vielleicht auch aus Absicht, beim Golfunterricht ein wesentlicher Teil des eigentlich zu übermittelnden
Stoffs. Das Ergebnis dieser techniklastigen Ausbildung kann man
täglich auf unseren Golfplätzen besichtigen, und die Frustration
vieler Golfer nach einer Runde ist nur zu offensichtlich.

Es ist möglich, eine größere Konzentrationsfähigkeit zu erlernen,
wenn man erst einmal begriffen hat, wie man Ablenker erkennt
und deren Beinflussung vermeidet. Allerdings verlangt Golf einen
ganz speziellen Stil, der sich ein wenig von dem in anderen Sportarten unterscheidet. Hand aufs Herz: Können Sie sich zwei oder
drei Sekunden auf einen bestimmten Punkt konzentrieren? Sie
glauben, das sei einfach? Ich glaube, dass nur wenige Menschen
dazu in der Lage sind. Aber wenn Sie es können, dann haben Sie
die besten Voraussetzungen, um ein guter Golfer zu werden.

Von welchen Schwunggedanken werden die meisten Golfer beherrscht, wenn sie über dem Ball stehen? »Halte den Kopf still;

verlagere dein Gewicht auf den rechten Fuß beim Rückschwung« und Ähnliches mehr. Diese Gedanken wechseln, je nachdem, an welcher Phase des Schwungs man gerade arbeitet, wobei sie meist kürzer sind als der Schwung selbst.

Bei einem Seminar hat mich einmal ein Student gefragt, ob ich ihm nicht eine Formel als Schlüsselgedanken mit auf den Weg geben könne, die ein für alle Mal dieses endlose Herumwandern zwischen den sich ständig wiederholenden Schwunggedanken beenden würde; etwas, auf das man sich stets und ständig verlassen könne.

»Hast du schon einmal versucht, beim Schlagen des Balles an nichts zu denken?«, fragte ich ihn, und er antwortete: »Wieso an nichts? Ich muss mich doch auf den Ball konzentrieren, wenn ich ihn richtig treffen will. Und dabei muss ich sicherstellen, dass ich meinen Schwung richtig ausführe, wobei mir klar ist, dass ich nicht mehr als einen Schwunggedanken haben sollte, weil ich mir sonst meinen Schlag ruiniere. Kein Mensch kann in der kurzen Zeit des Schwungs zwei oder mehrere Dinge kontrollieren.«

»Du bist also der Meinung, dass du den Schläger kontrollieren kannst, bis der Ball getroffen ist?«

»Na ja, ich versuche es halt und der Schwunggedanke soll mir dabei helfen, dass ich keinen Fehler dabei mache.«

Leider ist es keineswegs so, dass ein Golfer sich beim Abschlag des Balls mit nur einem Gedanken beschäftigt – einmal abgesehen davon, dass auch ein Gedanke schon zu viel sein kann. Tatsächlich läuft jedes Mal ein kleiner Film ab, wenn er auf der Driving Range über seinem Ball steht. Fred Shoemaker, den ich bereits erwähnt habe, hat herausgefunden, dass der Schlüssel-Schwunggedanke nur einen Teil des Schwungs umfasst. Am oberen Totpunkt des Rückschwungs, wenn sich der ursprüngliche Schwunggedanke meist schon im Dunkeln verliert, geschieht Folgendes: Man bestätigt visuell, wo der Ball ist, und rückbestätigt dies mit der Meldung »schlag ihn«. Während des Downswings richten sich die Gedanken normalerweise auf die Erwartung des Treffmoments und dieses Vorgefühl kann man auch am veränderten Gesichtsausdruck auf den Videos erkennen. Nach dem Treffen des Balls kommt die sofortige Abschätzung des »Wie-habe-ich-den-Ball-getroffen?« (gut, schlecht, mittelmäßig) und abschließend schaut man nach dem Ball in der Luft, wie er fliegt und beurteilt ihn ebenso. Dem durchschnittlichen Golfer gehen also fünf verschiedene Gedankenpunkte durch den Kopf in einem Zeitraum von nur zwei Sekunden, die er für den Golfschwung benötigt:

1. Grundsätzlicher Schwunggedanke
2. Visuelle Bestätigung der Ballposition – »schlag ihn«
3. Downswing: Vorgefühl des Treffmoments
4. Feedback nach Treffen des Balls
5. Feedback: Flug des Balls

So oder so ähnlich stellt sich das Szenario für den durchschnittlichen Golfer dar, wenn er auf der Driving Range steht und übt. Anschließend marschiert er auf den ersten Abschlag und erwartet, dass er ruhig, gelassen und konzentriert ist. Kommt Ihnen das nicht sonderbar vor? Nachdem er tage-, wochen- oder monatelang seine Gedanken trainiert hat, dauernd hin- und herzuspringen, erwartet er, plötzlich vollkommen abgeklärt und ruhig-konzentriert auf die Runde gehen zu können.

Auf der Übungswiese kann er durch die dauernde Wiederholung durchaus passable Ergebnisse mit dieser *Fünf-Gedanken-Methode* erreichen, aber beim eigentlichen Spiel wird er die gewohnten Konzentrationsschwierigkeiten erleben. Ist es Ihnen nicht auch schon passiert, dass Sie gesagt haben: »Auf der Driving Range habe ich die Bälle super getroffen, jetzt auf einmal geht nichts mehr.« Die Ursache hierfür liegt in dem Unterschied zwischen Bälle schlagen und Golf spielen. Was auf der Übungswiese funktioniert, gelingt auf der Runde nur, wenn die Konzentration auf den Ball stark genug ist, um das vorher Gelernte in das Spiel einzubringen und den Kopf frei von Störungen zu halten.

Um die herumhüpfenden Gedanken unter Kontrolle zu halten, gibt es verschiedene Übungen, die den individuellen Grad der Konzentration vertiefen. Eine der einfachsten Übungen ist es, beim Ansprechen des Balles so intensiv auf die Inschrift des Balles zu schauen, als sei der Name »Titleist« das Interessanteste auf der Welt und als hätten Sie diesen Schriftzug noch nie gelesen. Am Anfang werden Sie Schwierigkeiten haben, das »T« so lange zu sehen, bis der Schläger den oberen Totpunkt erreicht hat; die Augen werden Ihnen vielleicht tränen, der Buchstabe wird verschwimmen und manchmal werden Sie das »T« überhaupt nicht mehr wahrnehmen.

Als eine gute Hilfe hat sich eine Übung erwiesen, die ich in meinen Kursen mache: Stellen Sie sich vor, einen oder zwei imaginäre Auslässe an der Seite Ihres Körpers zu öffnen, damit alle Gedanken dort hinausfließen. Bei einer anderen Vorstellung betrachten Sie Ihre (störenden) Gedanken in aller Ruhe und lassen sie einfach durchlaufen oder nehmen sie und befördern sie in den imaginären »Gedankenkorb«.

Erst wenn Sie bei dieser Übung an nichts mehr denken, wenn das große Nichts die rasenden Gedanken ausgelöscht hat, haben Sie den Punkt tiefer Konzentration, das meditative Kurzstadium erreicht. Zwei Sekunden nur, aber Sie werden schnell merken, wie schwer das ist. Das geduldige Wiederholen dieser Übung wird Ihnen helfen, die von einem zum anderen Punkt springenden Gedanken zur Ruhe zu bringen und den Abschlag wie in einer Art Trance zu meistern.

Eine andere, sehr hilfreiche Methode der Konzentration besteht darin, der Bewegung des Schlägerkopfes imaginär zu folgen. Sie stellen sich vor, dass Sie dem Weg des Schlägerblatts während des gesamten Schwungs mit Ihrem inneren Auge folgen. Am Anfang wird Ihnen diese Übung als sehr schwer vorkommen, aber es ist leichter, als es sich anhört. Tun Sie es einfach, und Sie werden sehen, dass diese Übung nach ein paar Versuchen immer besser geht und Sie das Gefühl haben, mit dem Schläger zu verwachsen.

Eine weitere Konzentrationsübung beschreibe ich im Abschnitt »Stufen-Atmung« des folgenden Kapitels. Je nach individueller Voraussetzung reagiert der eine besser auf visuelle Übungen, die ich in den letzten beiden Absätzen beschrieben habe, während ein anderer den leichteren Zugang durch kontrolliertes Atmen findet.

Bei all diesen Übungen zur Verbesserung der Konzentration handelt es sich um Eselsbrücken, die dazu dienen, die Gedanken, die unser Gehirn durchströmen, auf einen bestimmten Punkt zu fokussieren, um damit eine Verkleinerung der Tätigkeit der linken Hirnhemisphäre zu erreichen. Wenn wir das »Nichts« zu unserem Helfer machen, werden wir erkennen, dass wir über die normale Ebene des Bewusstseins hinausreichen. Wir werden uns auf die Ebene des Unterbewussten begeben, die viel tiefer ist als unser Oberbewusstsein. In diesen meditativen Momenten ist es möglich, sich auf den Ball zu konzentrieren, gleichzeitig das Ziel zu sehen und die Harmonie und den Rhythmus des Schwungs zu fühlen.

Es gibt eine andere Konzentrationsübung, die ich selbst oft anwende: Wenn Sie zu Hause einen stillen Moment haben, dann hören Sie eine ruhige Musik, zum Beispiel die Goldberg-Variationen von Bach, »Traumreise« von Arnold Stein oder ähnliche Stücke. Die Musik sollte auf jeden Fall einen sechziger Taktschlag haben, also einen Takt, der in etwa dem Herzrhythmus entspricht. Fixieren Sie mit den Augen einen bestimmten Punkt und konzentrieren Sie sich auf das »Nichts«. Bitte keine Stoppuhr und keine Rekorde, denn dann müssten Sie wieder denken. Loslassen und das Nichts, die Gedankenleere erfahren, das ist die Aufgabe. Mit zunehmender Übung werden Sie feststellen, wie sehr sich Ihre Konzentrationsfähigkeit steigert. Sie gewinnen dadurch mehr Selbstvertrauen, was Sie wiederum befähigt, ablenkende Gedanken abzuschalten und sich auf das Wesentliche zu konzentrieren.

Selbstverständlich gibt es noch andere Möglichkeiten, seine Konzentrationsfähigkeit zu trainieren. Ich rate aber, sich für eine von beiden zu entscheiden und diese dann konsequent und regelmäßig durchzuführen. Es gibt noch eine dritte Übung, die ich im Abschnitt »Stufen-Atmung« beschreibe. Falls Ihnen diese Art des Konzentrationstrainings besser gefällt, dann bleiben Sie dabei. Jede Art von Erfolg hängt vom entsprechenden Üben ab, und je öfter man übt, desto besser wird man. Die Zeit, die Sie dafür investieren, erspart Ihnen das Zehnfache auf der Übungswiese, versprochen! Unabhängig vom Golf kann Ihnen die Vertiefung der Konzentrationsfähigkeit auch in Ihrem Beruf und im sonstigen Leben helfen; das allein sollte schon Motivation genug sein, täglich ein paar Minuten für ein derartiges Training einzuplanen.

Was immer passiert, suchen Sie in einer prekären Situation den positiven Aspekt. Trainieren Sie Ihren Verstand, auf der Runde nicht zu analysieren (Paralyse durch Analyse!), sondern gewöhnen Sie sich an, immer an etwas anderes als den letzten Schlag zu denken. Erfinden Sie eine Methode der positiven Ablenkung: Betrachten Sie die Landschaft, unterhalten Sie sich unterwegs mit Ihrem Spielpartner. Die Problematik des Golfspiels liegt darin, dass dem Spieler zwischen den einzelnen Schlägen zu viel Zeit zum Nachdenken verbleibt. Es gilt, sich nur im richtigen Moment auf den Ball, den Schwung und die Richtung zu konzentrieren; begrüßen Sie die Herausforderung, bleiben Sie bescheiden und nehmen Sie jeden guten Schlag als Geschenk. Spielen Sie Prozente: Wenn zum Beispiel rund 70 Prozent Ihrer Drives auf dem Fairway und der gleiche Anteil Ihrer Annäherungen auf dem Grün landen, dann ist ein Fehlschlag ganz einfach einer von den 30 Prozent. »Hit, forget and walk!«, sagt die bekannte Golflehrerin Vivian Saunders, und diese einfache Formel, immer wieder vorgesagt, kann Ihnen helfen, mit Ihren (notwendigen) Fehlern zu leben. Analysieren Sie Ihren Schwung ausschließlich auf der Driving Range, am besten zusammen mit Ihrem Pro.

*Konzentrieren Sie sich nur dann auf den Ball,*
*wenn er unmittelbar vor Ihnen liegt.*

# *Atmung und Bewegung*

»Atmest du eigentlich ein oder aus, wenn du den Ball schlägst?« Eine teuflische Frage, die, wird sie einem vor dem Abschlagen gestellt, den Schlag ruinieren kann, was sicherlich auch die Absicht des Fragenden ist. In dem Moment, wo Sie über Ihre Atmung nachdenken, verspannen Sie sich automatisch und der Schwung misslingt.

Atem ist Leben und richtiges Atmen ist zum Beispiel für Sänger die Grundlage ihres Berufs und muss sehr lange gelernt werden. Nun, wir wollen nicht singen, sondern nur den kleinen runden Ball schlagen und damit reduzieren sich die Probleme, aber sie sind dennoch vorhanden. Die Atmung wirkt sich unmittelbar auf unsere Haltung und unseren Rhythmus aus. Atmung, Körperhaltung und Schlagrhythmus sind unabdingbar miteinander verbunden und bilden eine Einheit. Achten Sie einmal darauf, ob Sie oder Ihr Mitspieler nach dem Schlag die gepresste Luft hörbar ausstoßen, denn dann können Sie sicher sein, dass etwas falsch war.

Das folgende Training zeigt Ihnen relativ rasch, wie man sich ganz automatisch eine synchrone Atmung angewöhnen kann. Nehmen Sie einen Schläger in die Hand und kontrollieren Sie ganz bewusst Ihren Atem. Auf keinen Fall dürfen Sie die Luft anhalten, denn dann verspannt der Körper und eine freie und flüssige Bewegung ist ausgeschlossen. Schwingen Sie Ihren Schläger leicht hin und her (»Pendel«). Dabei atmen Sie beim Rückschwung leicht über das Zwerchfell ein und beim Abschwingen ebenso leicht aus. Vermeiden Sie dabei jede Art der forcierten Atmung, denn Sie würden beispielsweise durch Brustatmung den Umfang des Brustkorbs vergrößern, was sich nicht gut mit Ihrem Backswing verträgt, der durch eine Erweiterung des Brustumfangs (besonders bei Menschen mit großem Brustkorb beziehungsweise großem Busen bei den Frauen) beeinträchtigt würde. Wiederholen Sie diese Übung so lange, bis Sie das Gefühl haben, dass Sie automatisch richtig atmen. In den nächsten Wochen kontrollieren Sie immer wieder einmal bewusst Ihren Atem. Sie werden sehen, dass Sie schon nach kurzer Zeit richtig atmen. Dabei geschieht es sogar recht häufig, dass bewusstes Atmen bei der Vorbereitung des Schlages zu dem gewünschten Effekt der vollen Konzentration (Loslassen aller Gedanken, »Nothingness«) führt. Im nachfolgenden Abschnitt über die Stufen-Atmung beschreibe ich diese Methode als Konzentrationsübung, die sehr effektiv ist.

## Stufen-Atmung

Als ich vor vielen Jahren in Indien war und den berühmten Guru Sai Baba in Bombay besuchte, betrachtete er mich bei unserem ersten Zusammentreffen für eine kurze Zeit und sagte dann, ich solle mich in den Garten setzen und auf meinen Atem lauschen, denn ich sei zu eilig und mein Gedankensalat im Kopf würde unser Gespräch stören. Zuerst war ich schockiert, denn ich kam gerade aus einem Ashram, wo ich viel meditiert hatte und glaubte, vollkommen verinnerlicht zu sein. Nach ein paar Tagen des »Atemlauschens« wurde mir bewusst, wie sehr der Atem als Hilfe zur Konzentration dienen kann. Allein durch das bewusste Achten auf den eigenen Atem kommen die rasenden Gedanken zur Ruhe und die Phasen der Denkpausen, der vollkommenen Konzentration und Vertiefung werden immer länger.

Bei der alten indischen Stufen-Atmung, die aus der Yoga-Tradition stammt, lernt man, jeden Atemzug ein wenig tiefer zu machen, bis man tief im Bauchraum (Solarplexus, ca. zwei Fingerbreit über dem Bauchnabel), dem Ch'i-Punkt, der Mitte und dem Kraftzentrum des menschlichen Körpers, angekommen ist. Die Atmung geht nur über das Zwerchfell und ist nicht forciert. Allein der Umstand, dass man die zu durchlaufenden Stufen, deren Zahl zwischen drei und unendlich sein darf, aufmerksam betrachtet und sich auf die Atemzüge konzentriert, gelangt der Strom der vielen anderen Gedanken zum Stillstand. Man fokussiert seinen Gedankenstrom ganz bewusst auf eine Aufgabe und erreicht damit die erwünschte Bündelung der Aufmerksamkeit.

Diese Übung sollte man anfänglich ca. einhundertmal – insgesamt und an verschiedenen Tagen – wiederholen. Verbinden Sie bei dieser Übung mit dem letzten Atemzug immer ein Bild der tiefen Kontemplation. Sehen Sie, wie Sie ganz wach und trotzdem entspannt stehen und wie Ihr Körper eins wird mit dem Schläger und dem beabsichtigten Schwung. Ihre Gedanken haben Pause und Ihr Geist ist voller Ruhe und Zuversicht. Wie immer Sie dieses Bild für sich komponieren, machen Sie es einfach und leicht wiederholbar; ändern Sie an dem einmal »gemalten« Bild nichts mehr. Sie werden sehen: Je öfter Sie diese Übung wiederholen, desto deutlicher wird das Bild, und die Konzentration wird immer tiefer.

Immer dann, wenn man ein paar Minuten Zeit hat oder auf etwas warten muss, kann man diese unauffällige Übung machen. Sehr schnell wird Ihnen diese Art des Atmens zur Routine und Sie können die Kurzform – zwei bis drei Atemzüge – in Ihre Schlagvorbereitung einbauen. Üben Sie dies auf der Driving Range, nachdem Sie das Stufen-Atmen entsprechend geübt (einhundertmal) haben: Stellen Sie sich über den Ball und wackeln (»waggle«) den Schläger in der gewohnten Form. Schauen Sie noch einmal zum Ziel und prüfen Sie Ihre Ausrichtung wie gewohnt (PGA: Position, Grip, Alignment = mittiger Stand, richtiger Griff und Ausrichtung des Körpers parallel zur Ziellinie), dann fokussieren Sie den Ball und atmen zwei- oder dreimal ein und aus, jedesmal ein wenig tiefer.

Durch die Verbindung der Stufen-Atmung mit der von Ihnen geschaffenen Imagination können Sie bei einigem Training in Sekunden so konzentriert sein, dass alles Hindernde und Störende von Ihnen abfällt. Dies ist das Geheimnis aller guten Spieler und unterscheidet den guten Golfer vom Durchschnitt, nicht die ausgefallene Technik oder die Stärke der Armmuskulatur – die am allerwenigsten!

# Über das Ego
# und das Alter Ego

»Alles Übel kommt vom Ego.« Diese eindringliche und ewige Weisheit hat uns der große Lao Tse mitgegeben. Auf Golf bezogen müssen wir uns darüber klar werden, dass wir selbst unser größter Feind sind, den es zu besiegen gilt. Auch wenn man mit mehreren Mitspielern auf der Runde ist, die man mit einem guten Ergebnis besiegen möchte – der wahre Gegner ist das eigene Ego, erst dann folgen der Platz und die Mitspieler. Der Score Ihrer Konkurrenten, die meist gar nicht in Ihrem Flight sind, sollte Sie nur ganz am Rande oder gar nicht interessieren. Je geringer Ihre Erwartungen sind, desto entspannter werden Sie sein und desto größer ist die Wahrscheinlichkeit, dass Sie einen guten Score erzielen. In dem Moment, wo Sie beabsichtige zu gewinnen, werden Sie verkrampfen und Ihren Schwung nicht mehr gut kontrollieren können. Dies gilt für jeden Golfer, ganz gleich ob er ein hohes oder niedriges Handicap hat. In den Jahren meiner Arbeit mit amerikanischen Touring-Pros habe ich gelernt, dass die Probleme der sehr guten Spieler die gleichen sind wie die des Wochenend-Spielers (nur der Leistungsgrad ist ein anderer): »Besiegst du dein Ego, dann siegst du!«– so einfach lautet die Formel. Es ist vollkommen unerheblich, welches Handicap Sie haben, an einer Änderung oder Verbesserung Ihrer mentalen Einstellung kommen Sie nicht vorbei, zumindest dann nicht, wenn Sie sich steigern wollen.

Je mehr man etwas begehrt und je höher die Erwartungshaltung ist, desto eher besteht die Gefahr, enttäuscht zu werden. Fehlende Distanz zu der Wichtigkeit der Ereignisse führt zur Verzerrung der Sicht und das Ego steht im Mittelpunkt und führt Regie. Erst wenn wir etwas Abstand zwischen uns und dem auf dem Golfplatz stattfindenden Geschehen schaffen, wird uns klar, dass wir unser Spiel zu wichtig nehmen und uns davon viel zu sehr negativ beeinflussen lassen. Damit wir uns nicht falsch verstehen: Das Spiel sollte man ernst nehmen, aber nicht wichtig!

Es gibt einige Psychologen, die sagen: »Wenn du es träumen kannst, dann kannst du es tun.« Ich halte dies für einen gefährlichen Satz. Hier wird ganz gezielt das Ich angesprochen, das sich so gern der Wirklichkeit entzieht und stattdessen den Traum oder die Idee als Realität einstuft. Wir müssen jedoch lernen zu erkennen, dass die Idee dem Handeln meist sehr enge Grenzen setzt. In dem Moment, wo man sich einem Traum ausliefert und alles daransetzt, ihn zu realisieren, entfernt man sich nur allzu oft aus der Gegenwart. Nun sollte ein jeder wissen, dass das Glück (was immer man darunter versteht) nicht in der Vergangenheit oder in der Zukunft, sondern allein im Wirken in der Gegenwart liegt. Wenn man dieser simplen Wahrheit durch hochfliegende Träumereien zu entfliehen sucht, verliert man die Gegenwart, in der allein man etwas bewirken kann. Reiz (Traumidee) und Ungenügen (Nichtkönnen, Unfähigkeit) sind nur zu oft Brüder, das Begehren nach mehr fesselt sie aneinander. Der Traum ist ein Begehren nach immer mehr und entfernt die Gedanken aus der Gegenwart. Da dieses Verlangen sich in die Zukunft richtet, verliert man die Gegenwart, den einzigen Moment, den man wirklich erlebt. Es kommt zum Konflikt zwischen Illusion und Wirklichkeit. Das kann so weit gehen, dass uns die Illusion (der Traum) als angenehmer erscheint als die Realität; das, was wir sein wollen, liegt uns mehr am Herzen als das, was wir wirklich sind.

Aber mir geht es bei dieser Betrachtung nicht um die Verwirklichung einer Utopie, Vision oder um die Ideale eines Politikers, der die Welt verbessern will, sondern um das kleine Glück auf dem Golfplatz. Natürlich kann man durch eine Vision manchmal etwas verwirklichen, von dem andere nie geglaubt hätten, dass dies möglich sei. Es war ein solcher zur Besessenheit gewordener Traum, der einem Christopher Columbus die Energie verlieh, eine neue Welt zu entdecken. Mit Autogenem Golf wollen wir nur die Welt in uns entdecken und die Möglichkeiten unserer geistigen Kraft soweit entfalten, dass es uns zu einem besseren und freudvolleren Spiel verhilft.

Wir müssen uns dessen bewusst werden, dass unser Ego uns immer dann im Weg steht, wenn wir etwas ganz besonders intensiv begehren. Gerade der überstarke Wunsch nach dem Sieg zeigt uns unsere Angst vor dem Verlieren und wie verletzlich unser Ego ist. Weniger Ego bedeutet nicht weniger Substanz oder gar weniger Persönlichkeit, ganz im Gegenteil. Der starke Charakter ist in der Lage, sich zurückzunehmen und einen Nicht-Sieg, der ja kein Verlust im eigentlichen Sinn ist, als etwas ganz Normales zu akzeptieren.

Nun streiten die Psychologen, seitdem es sie gibt, darüber, was den Charakter bildet, ob es eine in den Genen angelegte Vererbung ist, oder ob er durch Umwelt- und Erziehungseinflüsse geformt wird. Es ist wie bei der Frage, was zuerst da war: die Henne oder das Ei. Eine Frage, die endgültig nie beantwortbar ist. Allerdings weiß ich aufgrund der Lebenserfahrung und meiner Arbeit als Psychologe, dass man seine Einstellung zum Leben, also auch die Problematik des Egos, verbessern kann. Mit dem System des positiven Denkens haben Sie die ganze Skala der Möglichkeiten zur Verbesserung der Spielsituationen im Griff, und durch permanentes Training und Herausarbeiten der positiven Dinge (erinnern Sie sich immer nur an die guten Schläge, niemals an die schlechten) erreichen Sie langsam eine Einstellung, die Sie auch dann Glücksgefühle erleben lässt, wenn die Wirklichkeit nicht mit dem Erträumten übereinstimmt. Hinzu kommt, dass man die Wichtigkeit des Gewinnens richtig einzuschätzen lernt und auch dann siegt, wenn man seine Stärke beim Verlieren zeigen kann.

Der Weg zum erfolgreichen und glücklichen Golf führt ganz zwangsläufig zur Demut, wobei man unter diesem so oft missverstandenen Wort das oben Gesagte verstehen sollte, also das Annehmen dessen, was man geschenkt bekommt, statt nach immer mehr zu gieren. Dies ist vielleicht ein Verlangen, das in unserer Leistungsgesellschaft mit ihren hohen Ansprüchen etwas sonderbar klingen mag; aber glauben Sie mir, es ist der sicherste Weg zur inneren Ruhe und Harmonie. Solange diese Lektion nicht gelernt wird, bleibt jeder Fortschritt marginal und man kommt nicht an die Grenzen seiner Möglichkeiten.

Helmut hatte sich für diese Clubmeisterschaft gut vorbereitet. Jeden Tag hatte er mindestens zwei Körbe Bälle geschlagen, durch den Pro waren die letzten Schwungfehler ausgemerzt worden und er war der erklärte Favorit für diese Meisterschaft. Schon drei Tage vor dem großen Tag hatte er kaum noch schlafen können, allzu viel hing für ihn vom Gewinn dieser Meisterschaft ab. Er versuchte jeden Trick, um einschlafen zu können und um die lästigen Gedanken zu vertreiben, aber nichts half, er wälzte sich in seinem Bett und die Gedanken liefen Amok.

Endlich kam der große Tag. Er war schon früh wach geworden und hatte sich gut auf der Übungswiese warmgespielt und gelockert. Der erste Flight startete um 8 Uhr und er spielte zusammen mit einem ihm unbekannten Mitglied, dessen Namen er auf der Startliste zwar gelesen, aber sofort vergessen hatte, weil seine Gedanken allein auf seine Vorbereitungen gerichtet waren. Nun, er würde den Namen später auf der Scorekarte lesen, wichtig war jetzt die Konzentration auf den ersten Abschlag.

Sein Partner hatte den ersten Abschlag und schlug den Ball mit Grazie und vollendeter Harmonie weit über die 200-Meter-Marke mitten auf den Fairway. Die wenigen Zuschauer klatschten begeistert und Helmut schritt mit einem sehr seltsamen Gefühl zum ersten Tee. »Wenn ich doch nur auch schon dort läge, wo mein Partner den Ball hingeschlagen hat ...« Seine Knie schienen aus einer gallertähnlichen Substanz zu bestehen und sein Selbstvertrauen hatte sich klein gemacht. Irgendwie gelang es ihm, den Ball ohne größere Katastrophe etwa 150 Meter durch die Luft zu befördern, irgendwo am Rande des tiefen Roughs. Sein Partner sagte zuversichtlich, dass der Ball zu finden sei und von dort könne man das Grün gut anspielen. Als sie den ersten Fairway hinunter gingen, setzte ein leichter Nieselregen ein, die Wolken schienen bis auf die Erde zu reichen. Sein Partner fand den Ball im mittleren Rough und Helmuts Nervosität hatte sich verstärkt: Gleich am ersten Loch dieses Missgeschick! Jetzt brauchte er einen Traumschlag, um seinen Ball aus dem nassen, tiefen Gras auf das Grün zu befördern. Oder sollte er auf sicher spielen und einfach einen Boogie in Kauf nehmen, um einen noch schlechteren Score gleich am ersten Loch zu vermeiden? Fragend schaute er auf seinen Partner, der sich intensiv mit seinem Bag beschäftigte und sicher keinen Rat geben konnte und wollte. Er entschied sich für die sichere Variante, schlug mit einen Wedge den Ball etwa achtzig Meter den Fairway hinunter und hatte von dort noch ein 6er Eisen zum Grün. Sein Partner schlug mit der gleichen Leichtigkeit wie beim Abschlag den Ball auf das Grün, er blieb vier Meter vor der Fahne liegen.

Der Regen war stärker geworden, gleichfalls seine Nervosität. Sein Schlag zum Grün landete im Bunker und von dort brauchte er drei weitere Schläge, um den Ball einzulochen. Sein Mitspieler schob den 4-Meter-Putt zum Birdie ins Loch. Was hatte Helmut nur falsch gemacht? Hätte er doch den riskanten Schlag direkt zum Grün wählen sollen? Was hatte ihm die Sicherheitsvariante gebracht? Einen Doppel-Boogie am ersten Loch. Sein Spielpartner hatte das gleiche Handicap wie er und war somit ein ernster Konkurrent um die Clubmeisterschaft. Wenn er schon am ersten Loch einen Schlag verlöre, wie sollte er gewinnen? Wieso hatte er diesen Kerl noch nie im Club gesehen? Ein so guter Spieler und er kannte ihn nicht; vielleicht ein ganz neues Mitglied?

Am nächsten Loch spielten sie beide ein Par und Helmuts Stimmung besserte sich ein wenig. Aber jetzt kam das von allen gefürchtete 3. Loch – zwar nur 150 Meter lang, aber immer Gegenwind, leicht bergauf, und nie wusste man die korrekte Länge. Hinzu kamen die auf den Fairway hängenden Äste der riesigen Eiche, die schon manchem Spieler zum Verhängnis geworden waren. Seine Gedanken drehten sich im Kreis und er schielte in das Bag seines Kontrahenten, um von dessen Schlägerwahl zu lernen. Ein 5er Eisen! Und das bei diesem Wind und einer Luft so dick wie Erbsensuppe; der Mann hatte Nerven! Der Ball landete neben der Fahne und Helmut fühlte, wie sein Herz einen Schlag lang aussetzte. Er brachte kaum »guter Schlag« heraus und griff zögerlich zum Eisen 4. Sein Partner blickte ihn aufmunternd an und der Ball landete zwanzig Meter vor dem Grün im Semirough. »Nicht so schlimm«, meinte sein Begleiter und tröstete ihn auf dem Weg zum Ball mit vielen gut gemeinten Worten. Helmuts Gedanken drehten sich im Kreis: Woher nahm dieser Kerl nur die Ruhe, vom Können mal ganz abgesehen! Gestern beim Bälle-schlagen auf der Übungswiese hatte Helmut nicht einen einzi-gen schlechten Ball gehabt. Wo war die Sicherheit von gestern ge-blieben, wo sein Selbstvertrauen?

Mit viel Glück rettete er ein Boogie an diesem Loch, während sein Partner den Ball mit traumhafter Sicherheit zum Birdie ein-lochte. Nun trennten sie beide schon zwei Schläge und man war ja erst am 3. Loch. Helmuts Laune wurde immer trüber und sein Selbstbewusstsein war nur noch eine ferne Erinnerung. Sein Part-ner tat alles, um ihn aufzuheitern, auch der Regen hatte aufge-hört und hier und da blinzelte die Sonne durch die tief hängen-den Wolken. Die Luft war frisch und klar und der Boden duftete nach feuchtem Gras und würzigen Kräutern. Er sagte sich, dass er sich jetzt konzentrieren und zusammenreißen müsse, sonst könnte er der Clubmeisterschaft ade sagen.

So spielten sie Loch um Loch und der Abstand zwischen ihnen wurde immer größer. Was immer Helmut tat, er hatte keine Chance, seinen Flightpartner auch nur annähernd einzuholen. Am 18. Loch schüttelten sie sich die Hände und Helmut gratu-lierte ihm zu seiner ausgezeichneten Runde von nur einem Schlag über Platzstandard. »Tatsächlich«, antwortete dieser, »ich glaubte, dass ich zwei drüber liege, lass uns doch die Karten vergleichen.« Sie unterschrieben ihre Karten und Helmuts Part-ner brachte sie zum Clubhaus. Immer noch hatte er den Namen nicht gelesen, jedesmal war er abgelenkt und mit seinen Gedan-ken beschäftigt gewesen. Er rief ihm hinterher: »Wie heißt du ei-gentlich?« Der andere war schon ein Stück entfernt und nur un-deutlich zu verstehen: »ter Eko«. »Wie?« Er konnte ihn kaum noch sehen, war schon fast am Clubhaus. »Alter Ego«, kam es zurück, »dein anderes Ich.« ...

... Er fühlte den Druck an seiner Schulter, wie jemand daran rüt-telte, und eine Stimme sagte: »Mein Gott, nun wach doch auf, du wirst noch zu spät zu deiner Clubmeisterschaft kommen.« Seine Mutter stand am Bett: »Muss ja ein toller Traum gewesen sein,

*dass du so lange schlafen konntest, bist du denn kein bisschen*
*nervös?«* »Kein bisschen, Mam, ich weiß jetzt, was ich tun muss,
*um zu gewinnen, selbst wenn ich nicht Clubmeister werde.«*

## Eine Sache von Leben oder Tod?

Vielleicht werden Sie über den schottischen Satz lachen: »Golf ist
keine Sache von Leben oder Tod, sie ist viel wichtiger!« Dieser
Scherz enthält eine tiefe Weisheit, die sich dem, der sich Golf von
der richtigen Seite nähert, erschließen wird. John Updike, der von
vielen Literaturkritikern für den begabtesten Schriftsteller unserer Generation gehalten wird, sagt: »Ein Leben ohne Golf ist arm
und freudlos ... jenseits von Golf gähnt ein tiefer Abgrund, ein
sinnloses Leben.«
Golf kann Ihr Leben viel mehr beeinflussen, als Sie sich vorstellen können. Ihr Leben kann sich schon dadurch erheblich verändern, wenn Sie die Idee des positiven Denkens wirklich begriffen
haben und verinnerlichen. Die Vorfreude auf ein bevorstehendes
Turnier wird Ihre Schritte beflügeln und viel Bewegung in frischer
Luft und in schöner Umgebung wird Ihre Gesundheit stabili-
sieren.

>*»Golf ist das ICH und das ES in einem entscheidenden*
>*Wettbewerb, der niemals endet. ES ist ein einsames Wandern*
>*in der gepflegten Natur. ES ist der Mensch allein mit seinem*
>*Geist. ES ist zu viel Zeit zum Nachdenken. ES ist mehr*
>*als das Leben selbst.«*
>DAVID NOONAN

## Der Weg ist das Ziel

Ein Gedanke aus dem Zen lautet: »Der Bogenschütze, der gleichzeitig das Ziel und den Sieg im Auge hat, verliert beides.« Diese
Weisheit gilt für Golf gleichermaßen. Auch hier spannt man den

Bogen (seinen Körper), und wenn man sich nur auf das *Tun* konzentriert und nicht auf das Ziel, dann kann man alles erreichen. Der *Weg* ist das Ziel, nicht der Score oder der Pokal. Es gilt also, sich beim Golfschwung immer und nur auf das Nächstliegende zu konzentrieren: nämlich den Schwung in Harmonie und guter Balance auszuführen. Sie werden sehr schnell feststellen, dass diese Formel der sicherste Weg zum Erfolg (wie immer man ihn definieren mag...) ist.

Chuck Hogan, der mentale Trainer so bekannter Tour-Spieler wie Johnny Miller, Ray Floyd oder Coleen Walker hat einmal gesagt, dass in jedem Menschen ein guter Golfer stecke, er warte nur darauf, zum Leben erweckt zu werden. Das Hauptproblem liegt darin, dass wir uns nicht genügend Zeit zum Lernen lassen. Golf ist eine sehr anspruchsvolle Geliebte; wenn man ihr nicht viel Zeit widmet, wird sie einem schnell untreu. Eigentlich ist dieses wunderbare Spiel ganz unzeitgemäß. Heutzutage muss alles schnell gehen; selbst bei Dingen, die absolut keine Hast vertragen, suchen wir den schnellen und kurzen Reiz und berauben uns dadurch der tiefen Freude, die wir durch die Hingabe und vollkommene Konzentration erfahren. Beim Golf erfahren wir wie bei keinem anderen Sport, dass wir die – durch alleinige Technik – gegebenen Begrenzungen transzendieren müssen, um in die tiefen Schichten unseres Bewusstseins vorzudringen und um uns dem Geheimnis des harmonischen, vollkommenen Schwungs zu nähern. Je mehr sich der Golfer auf den Weg, also auf den Augenblick des Tuns zu konzentrieren vermag, desto süßer werden die Früchte sein, die ihm sein Bemühen einbringt.

Machen wir uns also frei von der Idee des schnellen Erfolgs und lassen wir uns Zeit bei unserem Tun. Genießen wir die kleinen Erfolge und freuen wir uns, wenn wir einen neuen Schritt gelernt und umgesetzt haben. Es ist ein langer Weg, aber er ist nicht beschwerlich, sondern voller wunderbarer Abenteuer, die es zu bestehen gibt und die unser Selbstvertrauen stärken. Die ungeheure Vielfalt dieses einmaligen Sports macht seinen eigentlichen Reiz aus: Der Griff, der Stand, die Ausrichtung zum Ziel, der Schwung, die Hände, die vierzehn verschiedenen Schläger, der Ball, der

Platz mit seinen unendlichen Variationen und immer neuen Überraschungen; es wird nie langweilig und ist immer voller Genuss, wenn man die richtige Einstellung dazu hat. Wenn dieser Gedanke begriffen wird, dann ist wirklich der Weg viel wichtiger als das Ziel, und wir lernen, dass das Ziel sich leichter erreichen lässt, sofern man sein Augenmerk ausschließlich auf den Moment des Tuns und des Erlebens richtet. Das Erreichen des Ziels wird selbstverständlich, wenn man es für eine Weile vergisst und sich nur auf die nächstliegende Aufgabe konzentriert.

Wir alle leiden an einer Krankheit unserer Zivilisation, der Überbetonung unseres Verstandes, der uns stets und ständig mit seinen vielen hin- und herspringenden Gedanken verwirrt. Stets denken wir an Zurückliegendes oder Ereignisse, die noch im Verborgenen der Zukunft liegen. Auf diese Weise entgeht uns der einzige Moment, in dem wir wirklich leben: der Augenblick. Wenn es uns gelingt, diesen Moment wirklich zu erleben und dort zu sein, dann gewinnen wir eine ganz neue Lebensqualität und auch unser Spiel wird besser, da dieses Erleben uns harmonischer macht und die fliegenden Gedanken zur Ruhe bringt.

Stellen Sie eine harmonische Beziehung zwischen Geist und Körper her, um damit eine solide Grundlage für den Schwung zu schaffen und vermeiden Sie – speziell am Anfang – alles, was zu kompliziert ist. (Erinnern Sie sich noch daran, was ich weiter vorne mit dem Wortkürzel »KISS« beschrieb?)

Einer der häufigsten Einwände gegen mein Autogenes Golf und die Ganzheitsmethode (die für den Schwung gilt!) ist der Einwand, dass doch »viele Wege nach Rom führen« und man schließlich auch über die technische Schulung zu einem guten Schwung finden könnte. Das ist gewiss nicht falsch, aber wenn der Weg nach »Rom« über Feuerland führt (konventionelle Methode), dann frage ich mich, weshalb man diesen Umweg machen sollte. Ich habe durch die »Schläger-Werfmethode« bewiesen, dass jeder Golfer einen gut getimten, rhythmischen Schwung hat. Es ist nicht einzusehen, wieso man diesen guten Schwung erst einmal zerstören soll, um ihn dann mühsam wieder zusammenzusetzen, ganz abgesehen davon, dass der Erfolg äußerst fraglich ist.

Der sicherste und meines Erachtens schnellste Weg zu gutem Golf führt über die sechs mentalen Basispunkte:

- Konzentration,
- Instinkt,
- Rhythmus,
- Geduld,
- Demut und
- Selbstvertrauen.

Dabei steht die Konzentration nicht zufällig an erster Stelle, denn solange Sie noch über den letzten (guten oder schlechten) Schwung nachdenken, wird es unmöglich sein, den nächsten Schwung konzentriert und harmonisch auszuführen. Es sollte zu Ihrer geistigen Hygiene gehören, nach jedem unbefriedigenden Schwung sofort den positiven Aspekt zu erarbeiten – in diesem Fall also: »Dieser schlechte Schwung ist die notwendige Voraussetzung für die nächsten guten Schwünge. Nur einen geringen Teil meiner Golfschwünge werde ich in vollkommener Harmonie ausführen, da der Mensch nun einmal keine Maschine ist und Abweichungen von der Vollkommenheit eine ganz normale Sache sind.« Ben Hogan, einer der besten Golfer (und Lehrer) unseres Jahrhunderts, dessen Lehrbuch »Five Lessons: The Modern Fundamentals of Golf« immer noch unübertroffen ist, hat einmal nach einem guten Turnierergebnis gesagt: »Ich habe heute meine Abschläge fünfmal hundertprozentig getroffen, wenn ich sie siebenmal so getroffen hätte, hätte ich meinen Score vielleicht unter 60 gebracht.« Wenn also ein derart begnadeter Golfer den Ball auf einer Runde von ca. 65 Schlägen nur fünfmal optimal getroffen hat, dann dürfen Sie schon glücklich sein, wenn Sie ihn ein- oder zweimal richtig erwischen – auf keinen Fall dürfen Sie mehr erwarten.

Aus dem Hogan-Beispiel können wir lernen, dass wir, was immer uns auf der Runde passiert und wie unser Score aussehen mag, es nur an uns liegt, ob Golf uns glücklich macht. Wir können hadern und verzweifeln, oder wir erinnern uns an die guten Schläge, den gelochten Putt, die netten Leute im Flight und so weiter. Mit dieser Einstellung werden wir immer stärker und sind jedem Golfer überlegen, der wütend vom Platz geht oder irgendwelche Ausreden sucht, nur weil er glaubt, er habe unter seinen Möglichkeiten gespielt. Man spielt niemals unter seinen Möglichkeiten. Mag sein, dass an diesem oder jenem Tag der Biorhythmus nicht optimal ist oder dass man schlecht geschlafen hat oder ein wenig erkältet ist, aber das ist nun einmal die Normalität. Kein Mensch ist immer auf der Höhe seiner Leistungsfähigkeit und bringt immer sein Maximum. Mit der richtigen und demütigen Einstellung kann man aus jedem Golftag ein tiefes Erlebnis machen, es liegt nur an einem selbst, ob man sein Ego besiegt.

*Konzentration, Instinkt, Rhythmus, Geduld,*
*Demut und Selbstvertrauen sind die sechs*
*mentalen Basispunkte für gutes Golf.*

# Der »richtige« Schwung

Als allgemein gültige Weisheit gilt: Es gibt keinen richtigen Schwung, sondern allenfalls einen guten Golfschwung. Betrachten wir uns die unterschiedliche Schwungauffassung eines Al Geiberger und eines Lee Trevino und vergleichen wir dann diese beiden sehr verschiedenen Schwungtechniken mit dem steilen Backswing und dem fliegenden Ellbogen von Jack Nicklaus. Allein an diesen drei Beispielen erkennen wir eine sehr verschiedene Auffassung über den Schwung und die Linie, den der Schläger beim Rückschwung nimmt. Die Ästhetik des Geibergerschen Schwungs unterscheidet sich erheblich von der mehr rustikalen Bewegung eines Trevino. Wer versucht, den Schwung eines Trevino oder Nicklaus einfach zu kopieren, wird damit nur selten glücklich. Durch die Betrachtung dieser drei sehr erfolgreichen Golfer (Geiberger war der Erste, der die »59« spielte; Trevino ist noch heute sehr erfolgreich auf der US-Senioren-Tour und verdient mehr Geld als je zuvor; und über Jack Nicklaus noch ein Wort zu verlieren hieße Eulen nach Athen tragen) wird klar, dass jeder Mensch auch im Golfschwung seinen ganz individuellen Ausdruck findet.

Wenn Sie sich also mit ihrem Schwung grundsätzlich wohl fühlen und nur die eine oder andere Verbesserung anbringen möchten, dann lassen Sie sich auf gar keinen Fall zu einer grundlegenden Schwungänderung überreden. Wichtig ist, dass ein Golfschwung der individuellen Anatomie angepasst ist und auch nach längerem Üben keine körperlichen Beschwerden auftreten. Wenn Sie aber Probleme mit dem Rücken haben, dann kann man davon ausgehen, dass irgendetwas mit Ihrem Schwung nicht stimmt – vorausgesetzt, die Schmerzen kommen vom Golfspiel (oder anderen Fehlhaltungen). Beobachten Sie sich selbst einmal ganz genau: Vielleicht fallen Sie beim Durchschwung zu weit in den Rücken und setzen somit Ihre Bandscheiben einer zu großen Belastung aus. Ein solches »C-Finish« (nachdem der Spieler den Ball geschlagen hat, steht er mit dem voll durchgeschwungenen Schläger hinter dem Körper still und ähnelt einem umgekehrten C) ist nun einmal den jüngeren Altersklassen vorbehalten. Es ist keinesfalls bewiesen, dass ein derartiges Finish, das einen sehr elastischen Körper voraussetzt, die Voraussetzung für besseres Golf ist.

Wenn der Rücken zum ständigen Problem wird, weil vielleicht die Rückenmuskulatur zu schwach oder untrainiert ist, dann versuchen Sie es einmal mit dem Walk-through-Schwung, wie ihn Gary Player in seinem Buch »Golf begins at 50« beschreibt. Ich habe diesen Schwung fast ein Jahr lang wegen eines Rückenproblems praktiziert und konnte keinerlei Verschlechterung meines Spiels feststellen. Ansonsten sollten Sie es mit dem von mir im Kapitel »Lernen: Der Pendelschwung« beschriebenen Drill versuchen, der gleichermaßen für den Anfänger und den Fortgeschrittenen anwendbar ist. Auf keinen Fall sollte sich Ihr Schwung unnatürlich anfühlen. Im Gegensatz zur allgemeinen Lehrmeinung behaupte ich, dass ein Golfschwung durchaus nichts Unnatürliches ist, auch wenn der große Ben Hogan das Gegenteil behauptet hat. Fragen Sie doch einmal einen guten Golfer, der von Kind auf den Schläger schwingt, ob ihm die Aufgabe des Ballschlagens unnatürlich erscheint. Es ist für ihn so natürlich geworden wie das Atmen. Ebenso wie für einen Anfänger die Fortbewegung auf einem Fahrrad unnatürlich aussieht (wie kann ein Gegenstand auf zwei Rädern in Bewegung und ohne seitliche Abstützung nicht umfallen?), so ist jede neu zu lernende Bewegung anfangs unnatürlich und wird erst mit zunehmender Übung als natürlich empfunden. Das Gleiche gilt für andere Sportarten, wie Inline-Skating oder Drachenfliegen. Sobald man in einer dieser Disziplinen geübt ist und sie beherrscht, wird sie zur zweiten Natur. Es geht also darum, seine natürlichen Instinkte durch Training auf die speziellen Erfordernisse einer neuen Aufgabe einzustellen. Wie das geschieht, habe ich in dem Abschnitt »Erkenntnis, Bewusstsein und Instinkt« des Kapitels »Geist kontra Technik« geschildert.

Wenn Sie wissen wollen, wie Ihr Schwung aussieht, dann machen Sie, vielleicht zusammen mit Ihrem Pro, die bereits zu Beginn des Buches ausführlich beschriebene Übung des »Schlägerwerfens«. Nach diesem Erlebnis werden Sie Ihren instinktiv richtigen Schwung immer vor Ihrem geistigen Auge haben. Es ist gar nicht so wichtig zu wissen, wie er funktioniert. Es ist das Gleiche wie beim Radfahren: Man weiß nicht genau, wie es funktioniert, auf zwei Rädern zu fahren und dennoch nicht umzufallen. Allein das Wissen um die Tatsache, dass man nicht umfällt, genügt, um es erfolgreich zu tun. In vielen klugen Golfbüchern findet man Erklärungen über die Zusammensetzung und Funktion des Golfschwungs, aber so richtig verstehen dies die meisten nicht, und ich halte es auch für sinnlos und kontraproduktiv, sich deswegen den Kopf zu zerbrechen.

Vor ein paar Jahren habe ich auf der Driving Range den Weltklassespieler Fred Couples gefragt, wie er es schafft, so locker und entspannt den Schläger zu schwingen, und ob er mir vielleicht einen Rat erteilen und das Geheimnis seines Schwungs erklären könne. Daraufhin hat er mir verschiedene Erklärungen gegeben und versucht, mir die eine oder andere Technik beizubringen. Im Laufe unseres etwa halbstündigen Gesprächs habe ich auf diese Weise etwa fünf oder sechs Hinweise bekommen und anschließend versucht, etwas davon auf der Driving Range in die Praxis umzusetzen, was sich allerdings rasch als sinnloses Unterfangen erwies. Der große Fred Couples hatte versucht, mir *seine* Technik zu erklären und mir dabei die verschiedensten Ratschläge erteilt, wovon jeder für sich richtig war, aber für mich so nützlich wie ein Segelboot in der Sahara. Wieder einmal machte ich die Erfahrung, dass ein guter Spieler nicht notwendigerweise auch ein guter Lehrer ist, ja, dass oft genug ganz das Gegenteil zutrifft. Er kann den Schwung, aber er hat keine Ahnung, wie er gemacht wird.

Schauen Sie guten Golfern zu oder versuchen Sie, das Video »Sybervision« von Al Geiberger zu bekommen und lassen Sie sich von dem guten Rhythmus suggestiv beeinflussen. Aber hüten Sie sich davor, einen bestimmten Schwung kopieren zu wollen. Ihr Körper, Ihr Instinkt sagt Ihnen ganz genau, was gut für Sie ist, alles andere führt in die falsche Richtung. So hat vor einigen Jahren das größte amerikanische Golfmagazin *Golf Digest* den Schwung von Lee Trevino auf mehreren Seiten vorgestellt und, wie es die Art dieser Magazine ist, in seine Einzelteile zerlegt. Lee Trevino hat dazu Anleitungen gegeben, wie sein Schwung zu erlernen sei und was die unschätzbaren Vorteile seiner Methode (die sehr unkonventionell ist, um es vorsichtig auszudrücken) seien. Nun ist es zwar eine unbestreitbare Tatsache, dass der besagte Schwung für Herrn Trevino exzeptionelle Ergebnisse gebracht hat. Aber diesen »Schleifen-Schwung« erlernen zu wollen ist ebenso sinnlos wie ein Eisschrank am Nordpol. Ich habe weder auf der amerikanischen Tour noch sonstwo jemals einen Golfer gesehen, der einen vergleichbaren Schwung hatte. Meiner Meinung nach ist es bedauerlich, wenn solche in die Irre führenden Bilder und Anweisungen in einem weit verbreiteten Magazin gedruckt werden, nur weil mit dem Namen Lee Trevino entsprechend große Resonanz zu erzielen ist. Die Vermutung liegt nahe, dass die Steigerung der Auflagenzahlen bei einer Golfzeitschrift nicht immer gleichbedeutend ist mit der Verbreitung einer praktisch anwendbaren Golflehre; eher das Gegenteil trifft zu. Der Schaden ist manchmal größer als der Nutzen.

Lassen Sie sich niemals von einem Lehrer mit anderen Spielern über denselben Leisten schlagen! Ob Anfänger oder Fortgeschrittener: Es ist extrem wichtig, einen Pro zu finden, der Ihre individuellen Voraussetzungen richtig einzuschätzen weiß und den Schwung so einfach und unkompliziert wie möglich aufbaut. Da es den richtigen Schwung ebenso wenig gibt wie die objektive Wahrheit für den einzelnen Menschen, müssen wir uns von der Vorstellung freimachen, dass eine Technik gut für alle ist. Harvey Penick, einer der profiliertesten Golflehrer unserer Zeit, hat die Art der individuellen Schulung für so wichtig erachtet, dass er seinen Schüler Ben Crenshaw wegschickte, wenn dieser versuchte, den Erklärungen zuzuhören, die er gerade seinem anderen Schüler, Tom Kite, gab. Seine Worte: »Was Medizin für ihn ist, kann Gift für dich sein!« sollten wir uns immer dann in Erinnerung rufen, wenn sich ein Mitspieler dazu hinreißen lässt (meist auf der Golfrunde), uns mit ungebetenen, guten Ratschlägen zu helfen, den verdammten Slice loszuwerden, oder uns wohlwollend auf irgendeinen anderen Fehler hinweist. Überflüssig zu sagen, dass man durch derartige Bemerkungen anfängt, über seinen Schwung nachzudenken und dadurch seinen Rhythmus verlieren kann.

»Du hast den Kopf nicht unten gelassen!« Dies ist der wohl am meisten erteilte Rat, fast immer von unberufener Seite, und es ist einer der schlechtesten Ratschläge überhaupt. Außerdem ist es eine der ältesten Ausreden, um Ihren Mitspielern einen schlechten Schlag zu erklären. Vergessen Sie's. Ein Fehler ist immer schon vorher entstanden, also beim Rückschwung, durch einen falschen Griff oder beim Stand. Machen Sie ruhig einmal diesen Test: Schlagen Sie ein paar Bälle und heben Sie dabei ganz bewusst den Kopf. Natürlich sollten Sie den Ball so lange wie möglich im Blickfeld behalten, aber kaum ein Spitzengolfer ist in der Lage, den Ball im Treffmoment zu sehen. Wichtig ist, bis zum Treffen des Balles mit dem Kopf hinter dem Ball zu bleiben. Sie werden überrascht sein, wie wenig die starre Kopfhaltung, die man sich schnell angewöhnen kann, den Flug des Balles positiv beeinflusst. Ich kenne genug Golfer, die den Kopf zwanghaft lange unten lassen und damit den Rhythmus ihres Schwungs so negativ beeinflussen, dass sie nie einen rhythmischen und freien Golfschwung zustande bringen.

Was immer Sie tun, um eine Verbesserung Ihres Schwungs zu erreichen: Die falsche Dosis ist das Gift, nicht die Medizin selbst! Kleine Schritte führen zum Erfolg und eine kleine Veränderung kann zu einer großen Verbesserung führen. Denken Sie also nicht gleich an eine Schwungänderung, sondern begnügen Sie sich mit einer schrittweisen Annäherung an den vom Pro gegebenen Änderungsvorschlag. Wenn es nicht klappt, nehmen Sie eine zweite Tablette, pardon, verstärken Sie die vorgeschlagene Änderung ein wenig. Von einer Medizin nehmen Sie auch nur ein paar Tropfen und trinken nicht gleich die ganze Flasche aus.

Es ist wohl die Crux eines jeden Golflehrers, dass er mit so vielen berufenen und selbst ernannten Lehrern leben muss, die immer den Splitter im Auge des anderen erkennen, aber selbst einen Schwung haben, dass man gar nicht hinschauen mag. Oft genug sind es die höheren Handicaps, die sich einer höchst aufdringlichen Besserwisserei befleißigen. Denken Sie immer daran, dass auf der Runde kein Unterricht stattfinden soll, weder von anderen noch von Ihnen selbst, es sei denn, dass Sie allein unterwegs sind und eine reine Proberunde absolvieren. Wenn Sie auf dem ersten Tee stehen und den Ball ansprechen, dann müssen Sie hier »mit der Braut tanzen«, die Sie mitgebracht haben, das heißt: Zeigen Sie selbstbewusst, was Sie gelernt haben. Betrachten Sie die schlechten Schläge als selbstverständlich (Prozente!) und freuen Sie sich über die gelungenen. Konzentrieren Sie sich ausschließlich auf Ihr Ziel und den nächsten Schlag.

»Take dead aim«, heißt es bei Harvey Penick, und damit ist nicht nur »denk ans Ziel« gemeint, so wie die deutsche Übersetzung glauben machen will, vielmehr verbirgt sich hinter diesem Hinweis eine ganze Philosophie. Gemeint ist auch die hohe Kunst der Konzentration, also alles Überflüssige und Störende wegzulassen und sich ausschließlich auf die unmittelbar bevorstehende Aufgabe zu konzentrieren. Nichts ist mehr wichtig, der letzte Schlag – ob gut oder schlecht – längst vergessen und das Neue, Kommende noch verborgen. Konzentration heißt das Fokussieren auf den Ball, bis man nur noch diesen einen Buchstaben oder das Logo auf dem Ball sieht. Denken Sie an nichts und machen Sie sich leer, um dem Unterbewusstsein Raum zu geben, damit die Hände »automatisch« den Schläger auf der richtigen Bahn führen können. Es ist das große »Nichts«, das der Meditierende erlebt und das ihn zur Gelassenheit führt, zum Geschehenlassen des Unbegreiflichen (auch wenn mein flinker Verstand mir später vormachen will, dass mein Können, mein Talent und meine Intelligenz die Ursache dieses einen großartigen Schlages waren, die den Ball aus der Entfernung von fünfzig Metern im Loch verschwinden ließen). Nach der Runde können Sie dann wieder üben, niemals auf der Runde, wenn es um einen Einsatz geht!

# Rhythmus, Gefühl und Musik

*»Wenn ihr's nicht fühlt, ihr werdet's nicht erjagen.«*
GOETHE, FAUST I

Zu den wichtigsten golferischen Grundlagen gehört ein guter Schwungrhythmus. Die besten Golfer haben auch immer den besten Rhythmus. Sicher gibt es die eine oder andere Ausnahme, aber ein gutes Gleichmaß ist die beste Hilfe für einen Golfer, wenn er den Schwung richtig lernen will. Ich gehe sogar so weit zu behaupten, dass ein guter Schwung ohne entsprechenden, gleichmäßigen Rhythmus nicht erlernbar ist, und jeder ernst zu nehmende Golflehrer wird dieser Aussage zustimmen. Der größte Dichter aller Zeiten hat dies bereits vor über zweihundert Jahren bemerkt und in seinem »Faust« in entsprechende Worte gefasst.

Der beste Mittler für einen guten Rhythmus ist über die Musik zu erfahren. In meinen Kursen mache ich im Anschluss an eine »Progressive Relaxation« nach E. Jacobson eine leichte Gruppenhypnose mit Musik, die den musikalischen Personenkreis anspricht. Da sich dieser Weg hier im Buch nicht darstellen lässt, empfehle ich, auf der Übungswiese mit einem Walkman zu trainieren und dabei eine Kassette mit beispielsweise einem langsamen Strauß-Walzer einzulegen, da sich der Dreivierteltakt ganz hervorragend für ein rundes, rhythmisches Schwingen eignet. Dabei wird nicht der Ball »angesprochen«, wie es normalerweise der Fall ist, sondern man schwingt wie ein Pendel langsam hin und her, ohne abzusetzen. Dadurch, dass der Rhythmus nicht unterbrochen wird, erreicht man nach einer Weile einen rhythmisch guten, runden Schwung, der sich tief ins Unterbewusstsein einprägt und dann später immer abrufbar ist.

Durch das Hören der Musik gelingt es, die störende Gedankenflut abebben zu lassen und sich voll auf den Takt zu konzentrieren, wobei der Rhythmus nach einer Weile so in Fleisch und Blut übergeht, dass man ihn später auch ohne Musik fühlt. Wenn Sie die gewählte Musik oft genug gehört haben, können Sie die Melodie jederzeit mitsummen und das Tempo selbst bestimmen. Dadurch finden Sie sehr schnell Ihren gewohnten Rhythmus, sollten Sie ihn auf der Runde einmal verloren haben.

Nachdem Sie Ihren Rhythmus gefunden haben, können Sie jetzt darangehen, mit technischen Verfeinerungen Ihren Schwung abzurunden und zu verbessern. Aber erst kommt der Rhythmus, dann die Technik! Es ist wichtig, diese Reihenfolge niemals umzukehren, auch wenn die meisten Golfer dies tun und gerade dadurch niemals einen runden, leicht aussehenden Schwung erreichen. Was immer Ihnen ein Pro oder anderer Golfer sagen wird, wenn er Ihnen einen scheinbar guten Rat geben will, der sich fast immer auf technische Details bezieht, bleiben Sie dabei: erst der Rhythmus, dann die Technik.

# Stress und die Furcht vor der Furcht

>*»Ich habe alle Dinge gesehen, die ich gefürchtet habe,*
>*und nichts in ihnen war schlecht oder gut,*
>*außer meinem Gemüt, das davon beeinflusst wurde.«*
>SPINOZA

Zu einem erfüllten Leben gehört der heilsame Stress. Wir müssen uns darüber klar werden, dass es einen guten und einen schlechten Stress gibt. Der Stress eines Golfturniers ist gewissermaßen die Würze des Spiels, die Herausforderung an das eigene Ego und an das Selbstvertrauen. Bei einem Wettspiel oder einer ähnlichen Prüfung kann jeder Einzelne erfahren, wie weit sein Trainingseinsatz sich gelohnt hat, wo seine Stärken und Schwächen liegen und wo er in nächster Zeit den Schwerpunkt für seine Übungen setzen muss. Jede Art von Furcht (vor dem ersten Abschlag zum Beispiel) ist eingebildet und ohne Grundlage. Oft genug ist schon die Furcht vor der Furcht für viele Golfer der Anfang einer mit zu viel Stress belasteten Runde.

Bei dem Wort Stress denken viele an eine zerstörerische Kraft, die, bei längerer Einwirkung, zur physischen oder mentalen Krankheit und Zerstörung führt. Der Körper produziert unter Stress bestimmte Hormone wie Adrenalin und Noradrenalin. Durch eine solche Ausschüttung kommt es im Körper zu erhöhter Alarmbereitschaft: Das Herz klopft rascher, Muskeln und Gehirn werden stärker durchblutet und der gesamte Metabolismus wird in kürzester Zeit auf Höchstleistung programmiert. Diese Hormone werden aber auch dann produziert, wenn wir uns freuen und unter angenehm erregter Anspannung sind, wie zum Beispiel beim Verliebtsein, Sex, dem Erlebnis eines aufregenden Filmes oder dergleichen. Ohne Stress, so muss man folgern, wäre unser Leben extrem langweilig. Nur wenn der Stress eine bestimmte

Schwelle überschreitet, die bei jedem verschieden ist, kann es problematisch werden und zu Krankheitssymptomen kommen. Es gilt also zu lernen, mit dem Stress umzugehen und ihn in der richtigen Relation zu sehen.

Wenn Sie zu den fortgeschrittenen Golfern gehören, werden Sie den Stress eines Turniers, der Prüfung für die Platzreife oder Ähnlichem schon erfahren haben. Aber auch der Anfänger wird diesen freudigen Stressmoment spüren, wenn er das erste Mal seinen Golfball hoch in die Luft fliegen sieht und eine aufregende Ahnung von der Schönheit des Golfspiels erfährt.

Nun ist es uns Menschen offenbar nicht gegeben, mit dem Erreichten zufrieden zu sein; das citius, altius, fortius – schneller, höher, stärker – ist uns zum Wegweiser unserer Lebensweise geworden und der Treibstoff des Fortschritts der menschlichen Gesellschaft. Haben wir also das Glücksgefühl des Erfolgs erst einmal kennen gelernt, dann wollen wir es gleich wieder erleben und dies möglichst in noch gesteigerter Form. Vergessen Sie's. Golf ist eine strenge und unerbittliche Geliebte, der man sich nur mit großer Hingabe und Demut nähern sollte. Demut ist zum Fremdwort in unserer Leistungsgesellschaft geworden, aber zugleich die wichtigste Vokabel im Zusammenhang mit dem von Ihnen erwählten Sport.

Es gilt, die Bedeutung des eben Gesagten in seiner ganzen Tragweite zu erfassen. Wenn Sie sich Golf nicht mit tiefer Bescheidenheit nähern, werden Sie statt Freude oft genug Qualen erleiden. Die Geschichte der enttäuschten und verzweifelten Golfer ist lang, und es liegt nur an Ihnen, welchen Weg Sie wählen. Wir sprechen also über einen Sport, der sich von seinem innersten Wesen her von allen anderen Sportarten unterscheidet. Hier kommt es nicht auf Ihre physische Kondition (obwohl die von Vorteil sein kann), Ihren IQ oder Ihre Cleverness an; Golf werden Sie nur meistern, wenn Sie bereit sind, Ihre geistige Orientierung neu zu definieren. Wenn wir uns auf dieses Spiel einlassen, werden wir oft genug an die Grenzen unserer Persönlichkeit stoßen, werden gedemütigt und wissen, was Verzweiflung ohne Grund ist – oder wir werden tiefste Freude erleben.

Machen Sie den Stress zu einem Instrument, das für Sie arbeitet, nicht gegen Sie! Dazu gehört, dass Sie lernen, bewusst das vom Sympathikus beherrschte Denken auf das vom Parasympathikus beherrschte umzuschalten (und umgekehrt). Es ist wichtig, die Balance zwischen den beiden Hirnhälften, – der linken, dominanten (Rechtshänder) und der rechten, nichtdominanten – herzustellen. Die linke, rationale Seite unseres Hirns ist verantwortlich für analytisches, kalkulierendes, mathematisches Denken und Sprachvermögen, die rechte Seite für den kreativen Part wie Musikalität, intuitiver Interpretation und so weiter. Diese Seite ist also verantwortlich für unser Liebesempfinden, unsere Herzlichkeit und macht den humanitären Wert unseres Wesens aus. Wenn wir es schaffen, eine Balance zwischen den beiden Hemisphären herzustellen, werden wir zu einer harmonischen Persönlichkeit.

Es gibt verschiedene Möglichkeiten, die Erweiterung der rechten Hirnhemisphäre zu erreichen. In diesem Buch will ich mich auf die beiden Methoden beschränken, die für den westlichen Menschen zugänglich sind. Wer Erfahrungen mit östlichen Meditationstechniken hat, wird einen ähnlichen Weg gehen, aber er ist sehr zeitaufwendig und dem gestressten Menschen westlicher Prägung nur schwer zugänglich.

Die erste Methode ist die der Hypnose und die zweite die der Selbsthypnose, also des von Prof. J. H. Schultz erfundenen Autogenen Trainings, die ich in den Abschnitten »Hypnose« und »Autogenes Training« des letzten Kapitels ausführlich beschreibe.

## Entstressung

Das Lernen von Entspannung ist die beste Vorbeugung gegen plötzlich auftretenden Stress, so wie er auch beim Golf sehr häufig auftritt. Ein gesunder Stress, wie gerade beschrieben, ist durchaus begrüßenswert, aber Stress kann sich in seiner negativen Form sehr schnell zu einer Angstneurose auswachsen. Diese als Phobien bezeichneten Ängste können sich auf die verschiedensten Objekte oder Situationen beziehen. Die häufigsten pathologischen Anzeichen in der täglichen psychologischen Praxis sind: Klaustrophobie (Angst, sich in engen oder geschlossenen Räumen aufzuhalten), Agoraphobie (Angst, über freie Plätze zu gehen), Nosophobie (Angst, sich mit Bakterien zu infizieren, woraus dann der Waschzwang resultieren kann) oder Tierphobien (die übertriebene Angst vor Spinnen, Katzen und Tieren aller Art, auch wenn sie harmlos sind), um hier nur die Wichtigsten zu nennen. Dabei sind die Phobien nicht an die direkte Konfrontation mit dem Angst auslösenden Objekt gebunden; oft genügt schon das daran Denken. Ich erlebe sehr häufig, dass Golfer bereits verkrampfen, wenn sie nur an den Teich eines bestimmten Lochs denken, der ihnen immer mehr wie ein unüberwindliches Hindernis erscheint und schon Angst auslöst, wenn sie noch weit davon entfernt sind.

Durch Entspannungsübungen lässt sich Angst leicht abbauen. Diese »Entstressung durch Entspannung« ist auch während des Spiels möglich. Die Voraussetzung ist, dass man sich vorher mit »seiner« Methode auseinandergesetzt und sie geübt hat. Oft genug entsteht eine Wartesituation, weil der vorausgehende Flight sich noch in Reichweite befindet. Anstatt in diesem Moment eine Zigarette zu rauchen oder sich über Belanglosigkeiten zu unterhalten, kann man sich ebenso für eine Weile absondern und ein oder zwei Minuten lang eine Entspannungsübung machen. Sie glauben, das geht nicht? Ich habe Schüler erlebt, die sich in wenigen Sekunden so entspannen konnten, dass sich ihr Puls um 20 bis 25 Schläge abgesenkt und auch der elektrische Hautwiderstand abgenommen hat (woran sich mit einem geeigneten Gerät der Grad der Entspannung und Angstfreiheit ablesen lässt). Gleichzeitig reduzierte sich die Atemfrequenz und die Alphawellen traten vermehrt auf.

Wir haben in den USA derartige Experimente auf dem Golfplatz gemacht und die Ergebnisse waren teilweise verblüffend und viel tiefgehender, als wir vorher gehofft hatten. Bei diesen Versuchen handelte es sich nicht um besonders begabte Personen, sondern um Menschen, die eine Entspannungsübung (Progressive Relaxation nach Jacobson, katathymes Bilderleben oder Autogenes Training) beherrschen und sie entsprechend anwenden. Alle diese genannten Methoden sind nach relativ kurzer Zeit jederzeit und überall anwendbar und werden für den geübten Golfer wertvoller als ein zwanzig Meter längerer Drive. So wie der negative Gedanke an eine bestimmte, mit Angst besetzte Situation blitzartig Stress und Angst auslösen kann, so kann umgekehrt auch ein entspannender Gedanke oder eine Entspannungsübung sehr schnell den gewünschten beruhigenden Effekt haben.

## Yips und andere Probleme

Der Ausdruck »Yips« bezeichnete ursprünglich eine Störung beim Putten: Hauptsächlich bei den kurzen Putts zuckt die linke Hand (bei Linkshändern die rechte) so unkontrollierbar, dass der Ball am Loch vorbeirollt. Diese Störung tritt fast immer nur bei den kurzen Putts auf, die man aufgrund der geringen Entfernung normalerweise nicht vorbeiputten darf. In der Golfszene wird auch bei anderen Störungen vom Yips gesprochen, wobei es sich allerdings mehr um Blockaden anderer Art handelt, die zwar ähnliche Ursachen haben, sich aber ganz unterschiedlich äußern können und im engeren Sinn nichts mit Yips zu tun haben. Bei Yips und anderen Schwungproblemen, die bei Startfieber oder ähnlichen Formen des Lampenfiebers entstehen, gibt es eigentlich nur eine wirklich erfolgreiche Methode zur Überwindung: die Hypnose beziehungsweise die Selbsthypnose; um nichts anderes handelt es sich beim »Autogenen Training«.

Viele bekannte Tour-Golfer haben den Beruf gewechselt oder sind Teaching-Pros geworden, weil sie keinen Weg gefunden haben, ihren Yips zu kurieren. Ben Hogan gehört dazu und auch einer der besten Golfer Englands, Jan Baker-Finch. Seve Ballesteros kämpft seit ein paar Jahren ziemlich erfolglos mit seinen Problemen, die sicher nichts mit seinem Alter zu tun haben, was manche Journalisten glauben (Mark O'Meara ist ebenfalls über vierzig und hat 1998 zwei Major-Turniere gewonnen, die Masters und die British

Open). Bernhard Langer hat viele Jahre gebraucht, um seine Putt-Schwierigkeiten zu überwinden und ist damit einer der wenigen Golfer, dem dies durch Disziplin und Fleiß gelungen ist. Mit Autogenem Training hätte er sein Problem wohl nach spätestens drei Monaten für den Rest seines Lebens im Griff gehabt.

Wie kommt es zu den oben geschilderten Problemen, die immer mentaler Art sind? Viele Golfer werden sich noch an das dramatische Finale der Masters 1995 erinnern. Der Australier Greg Norman war mit einem 5-Schläge-Vorsprung in den Finaltag gegangen und nichts schien seinem Sieg im Wege zu stehen. Es war unglaublich, wie sehr der Stress des Gewinnenmüssens sein Spiel beeinflusste und er dann am letzten Loch das Turnier doch noch gegen Nick Faldo verlor. Ebenso dramatisch und unerklärlich ging es bei den British Open 1999 zu, als der Franzose Jean van de Velde am letzten Tag mit drei Schlägen Vorsprung vor seinem Verfolger zum letzten Loch kam. Mit seinem zweiten Schlag riskierte er zu viel und landete im tiefen Rough, obwohl ihm mit einem Sicherheitsschlag (und vielleicht einem Schlag mehr) der Sieg kaum noch zu nehmen gewesen wäre. Dadurch, dass er sich vollkommen unnötig in diese prekäre Lage gebracht hatte, verlor er das Turnier. Diese beiden Beispiele mögen für viele andere stehen, die den Druck zeigen, unter dem die Spieler stehen und der sie manchmal vollkommen irrational handeln lässt.

Jeder Golfer kennt den Druck der Erwartungshaltung, den erhöhten Puls vor dem ersten Abschlag und dergleichen. Wenn sich in bestimmten, spannungsgeladenen Situationen ein Fehler ein paar Mal wiederholt, dann kann es zu einer Art negativer Programmierung des Unterbewusstseins kommen: »Jedes Mal habe ich am 3. Loch den Ball ins Wasser geschlagen...« Oder: »Dieses Loch kann ich einfach nicht spielen, ich habe hier noch nie gut gescort; dieses Loch liegt mir einfach nicht...« Ganz abgesehen davon, wie oft man tatsächlich den Ball an jenem Teich ins Wasser geschlagen hat (in Wirklichkeit mag es höchstens zwei- oder dreimal gewesen sein) – hat sich ein solcher negativer Gedanke erst einmal im Unterbewusstsein festgesetzt, lässt er sich nur sehr schwer wieder entfernen. Ebenso wie man sich einreden kann, ein schlechter Putter zu sein, wird ein solcher Gedanke sich als ein immer weiter vertiefender Teufelskreis erweisen, der die Tendenz hat, sich auf andere Gebiete (Golflöcher!) auszuweiten. Der Grund ist eine negative Denkweise, die man durchaus mit dem weiter vorn beschriebenen »positiven Denken« und dem mentalen Training wieder in den Griff bekommt, sofern man entsprechend übt. Es gibt aber genügend Fälle, wo sich die negative Einstellung derart manifestiert hat, dass nur ein direkter Eingriff ins Unterbewusstsein Hilfe bringen kann.

# Lehrer und Pädagogen

*»Erwirb dir einen Lehrer!«*
Pirke Abot, *Sprüche der Väter, I, 6*

Ist man auf der Suche nach einem guten Zahnarzt, so informiert man sich eventuell bei Freunden und Bekannten und hofft darauf, dass man richtig beraten wurde und in gute Hände gelangt. Wenn man später feststellen muss, dass ein schlechter Arzt mehr Schaden als Nutzen angerichtet hat und die Behandlung gar zum Verlust eines oder mehrerer Zähne geführt hat, dann ist dies nur mit großem Aufwand zu reparieren. Ähnlich ist es bei einem Golfer (wenn auch meist ohne gesundheitliche Konsequenzen): Fällt er einem untalentierten Pro und schlechten Pädagogen in die Hände, lässt sich der verpfuschte Schwung nur – wenn überhaupt – mit viel Schweiß und Geduld reparieren.

Ob der persönliche Arzt ein guter Pädagoge oder freundlich ist, interessiert normalerweise nur gering; Hauptsache, er versteht sein Handwerk. Beim Golflehrer ist dies ein wenig komplizierter. Sicher, ein Pro braucht kein lateinisches Fachvokabular (obwohl die Golfsprache dem Anfänger oft genug sehr fremd vorkommt), aber er muss vor allem ein guter Pädagoge sein, und hier liegt das Problem. Fast alle Golf-Pros, mit denen ich zu tun hatte, waren von der spieltechnischen Seite gut bis sehr gut, aber mit der Pädagogik haperte es hier und da ganz gewaltig.

Pädagogik lässt sich nur zum Teil erlernen. Zum guten Pädagogen gehört eine große Portion Talent und viel Hingabe. Man spricht nicht umsonst vom »geborenen« Lehrer. Auch die Ausbilder der Pros müssen entsprechend begabt sein und bei der Ausbildung ihr Schwergewicht auf das Thema »Pädagogik« legen sowie selbst gute Pädagogen sein. Der Beruf des Lehrers gehört sicher zu den schwersten, weil mannigfaltige Voraussetzungen erwartet werden. Anders als bei einem Handwerker oder Arzt verlangen wir von einem Golflehrer viel, ist es doch nicht damit getan, dass er sehr gutes Golf spielt. Pädagogisches Verständnis setzt man als selbstverständlich voraus, desgleichen Geduld bis zum Übermaß und ein freundliches Lob an der richtigen Stelle. Wenn wir dann mit ihm auf die Runde gehen, erwarten wir ein Ergebnis wie von einem Playing-Pro. Sollten Sie eine ähnlich umfassende Qualifikation von Ihrem Schreiner verlangen, werden Sie sich Ihren Schrank wahrscheinlich selbst bauen müssen, und sogar einen Arzt mit solch vielfältigen Eigenschaften dürften Sie nur schwer finden.

Ein guter Golfpädagoge ist die Ausnahme und leider nur selten zu finden. Bob Toski, Jim Flick, Fred Shoemaker, Larry Miller, Harvey Penick, Peter Kostis und Peter Croker sind vielleicht die Besten ihres Fachs; Mike Adams wäre noch zu nennen und John Jacobs, der allerdings wieder auf der US-Senioren-Tour spielt und nicht mehr unterrichtet; vielleicht gehört auch David Leadbetter dazu, obwohl seine Fähigkeiten zur Selbstdarstellung am ausgeprägtesten zu sein scheinen. Alle die oben Genannten sind ausschließlich in den USA beheimatet, und wenn Sie mit Golfern sprechen, die an Kursen der genannten Lehrer teilgenommen haben, dann werden Sie wissen, dass oft genug eine derart teure Investition die Basis für einen guten Golfschwung ist, vorausgesetzt, dass die Sprachbarriere kein allzu großes Hindernis darstellt.

Es gibt auch im deutschsprachigen Raum hervorragende Lehrer. Stefan Quirmbach (Golf- und Landclub Semlin bei Berlin) und Achim Steinfurth (Fürstlicher Golfclub Bad Waldsee) gehören meines Erachtens zu den Besten, die mit großem Engagement ihren Beruf betreiben und Golf nicht nur als Verdienstquelle, sondern als verpflichtende Aufgabe sehen. Jedoch ist meine Kenntnis der deutschsprachigen Pros nicht allzu groß, deswegen beschränke ich mich auf diese beiden Beispiele. Vielleicht sind die guten Lehrer hierzulande ein bisschen dünner gesät als in den Vereinigten Staaten, aber das sollte Sie nicht an der Suche hindern. Dabei ist es wichtig zu wissen, worauf es ankommt und worauf man bei der Auswahl seines Lehrers achten sollte. Wenn Sie das Gefühl haben, dass ihr Club-Pro Ihnen zu viele Ratschläge auf einmal gibt, und das ist leider nur zu oft der Fall, dann weisen Sie ihn dezent darauf hin, dass Sie jetzt nur an einem Problem arbeiten wollen (siehe den Abschnitt »Coaching« im nächsten Kapitel) und er sich auf diesen Punkt beschränken soll. Es gibt eine Menge Golfer, die sich auf diese Art ihren Lehrer »erzogen« haben und sehr gut mit ihm zurechtkommen. Auch den Pro, der einem partout »seinen« Schwung beibringen will, kann man mit ein wenig gutem Willen davon abbringen.

Bei den sog. Golf-Intensivkursen sollten Sie Vorsicht walten lassen. Oft genug zielt ein derartiger Kurs ausschließlich auf Ihre Brieftasche. Wenn jemand verspricht, dass er Ihnen intensiv, also schnell, den idealen Golfschwung zu vermitteln vermag, dann steht er auf sehr dünnem Eis, denn Golf ist vor allem eine Sache der Geduld. Es gibt genug bedauernswerte Golfer, die nach einem Intensivkurs ganz intensiv am Boden zerstört waren. Eine Menge Geld wurde investiert und kaum ein sichtbarer Fortschritt erreicht, falls überhaupt. Die Erklärung hierfür ist simpel: Es nützt überhaupt nichts, vormittags und nachmittags mehrere Übungsstunden zu absolvieren, bei denen zu viel Wissen vermittelt wird. Wenn Ihnen Ihr Pro einen einzigen neuen Schwunggedanken vermittelt, so ist dies das Maximum! Einen Gedanken, eine kleine Änderung! Wie oft habe ich bei solchen Intensivkursen den wortreichen Erklärungen der Lehrer gelauscht, die ihre Schüler mit Wissen derart überfrachtet haben, dass diese am Ende vollkommen durcheinander waren, ganz abgesehen davon, dass sie kaum noch den Schläger halten konnten und hunderte von Bällen mehr oder minder sinnlos in die Gegend geprügelt hatten. Auch hier gelten die Worte: »Weniger ist mehr!«

Verstehen Sie mich richtig: Eine intensive Schulung über mehrere Tage oder gar Wochen ist durchaus möglich, aber das Programm darf den Schüler keinesfalls in der Form überfordern, dass ihm zu viel Information auf einmal eingetrichtert wird. Wenn Ihnen jemand schnelle Hilfe durch intensive Schulung verspricht, dann hat das den gleichen Wahrheitsgehalt wie das Versprechen vom schnellen Reichtum durch ein Lotto-System. »Intensiv« sollte gleichbedeutend sein mit konzentriertem Training und der vollkommenen, ununterbrochenen Zuwendung auf eine harmonische und rhythmische Gestaltung Ihres Schwungs über einen längeren Zeitraum hinweg. Auf diese Weise können Sie bestimmende Leitgedanken so weit vertiefen, dass diese Ihnen zur zweiten Natur werden, auch über den Zeitraum der eigentlichen Übungen hinaus. Dergestalt kann man ein neues Verständnis für Golf erreichen und die Trainingsplanung für die Zukunft völlig neu gestalten.

Wenn Sie nach jeder Übungsstunde (eine halbe Stunde genügt in den meisten Fällen) hundert Bälle schlagen, wobei Sie sich nach zehn bis fünfzehn Schlägen immer eine kleine Pause gönnen sollten, dann haben Sie das Maximum für eine Trainingseinheit getan. Natürlich können Sie jeden Tag Ihre Schwungänderung von Ihrem Pro überprüfen lassen, aber – abhängig von Ihrer Übungsintensität – gewöhnlich reicht eine Trainerstunde alle acht oder vierzehn Tage, falls Sie durch das Autogene Golf das systematische Coaching gelernt haben. Dabei ist die Regelmäßigkeit wichtiger als die Häufigkeit. Es kann auch sehr hilfreich sein, über mehrere Tage hintereinander mit einem Lehrer zusammen zu arbeiten, der in Abständen immer wieder den Schwung kontrolliert und Ihnen die Sicherheit gibt, dass das beabsichtigte Übungspensum richtig durchgeführt wird. Auch wenn man in einer Gruppe lernt, hat man mehr Spaß und wird obendrein getröstet, dass die anderen Golfer mit den gleichen Schwierigkeiten kämpfen.

## Die Crux der Pädagogik

»An ihren Taten sollt ihr sie erkennen...« Wie selten sieht man einen guten, lockeren Golfschwung bei den Amateuren! Aber wie steht es mit unseren Touring-Pros? Wenn ich aufzählen will, wie viele deutsche Spieler unter den ersten Hundert der Weltrangliste rangieren, dann brauche ich nur eine Hand und ganz wenige Finger. Schweden, England, Schottland und Spanien, Länder mit wesentlich weniger Einwohnern als Deutschland also, haben viel mehr Weltklasse-Spieler vorzuweisen, und jedes Jahr tauchen neue Namen aus den genannten Ländern in der Rangliste auf. Das kann nicht nur an den vielen Talenten liegen, die es ausgerechnet nur in Spanien oder Schweden geben soll; Deutschland hat mindestens ebenso viele schlummernde Talente. Wie viele gute Sportler es hierzulande in anderen Disziplinen gibt, zeigt uns unter anderem das Ergebnis der Olympischen Winterspiele von 1998, als Deutschland mit weitem Abstand vor allen anderen Nationen die meisten Medaillen gewann.

Zweierlei kann man für den gegenwärtigen schlechten Ausbildungsstand bei den Golf-Amateuren in Deutschland verantwortlich machen: Erstens und vor allem das immer noch elitäre »Club«-System mit nur wenigen öffentlichen Plätzen und meist sehr hohen Beitrittsgeldern, was große Hürden aufbaut. Zum Zweiten ist das Caddie-System nicht mehr gefragt, bei dem junge Leute die Taschen der Golfer tragen und sich dabei ein Taschengeld verdienen. Durch diese Arbeit wird der Jugendliche ganz zwanglos zum Golfsport hingeführt, und wenn die Caddies untereinander spielen, erlernen sie den Umgang mit dem Schläger in einem Alter, in welchem der Mensch am aufnahmefähigsten ist. Zwar werden den jugendlichen Golfern von den Clubs fast immer hohe Rabatte und niedrige Jahresbeiträge eingeräumt, die das Golfen erschwinglich machen, aber die Plätze liegen meist nicht stadtnah und sind nur schwer ohne Pkw zu erreichen.

Von jenen Leuten, die Golf erst im Alter über dreißig oder noch später beginnen, kann man nicht erwarten, dass sie Weltklasse-Spieler werden. Die Zahl der Golfer und der Golfplätze in Deutschland ist beispielsweise mit spanischen Verhältnissen durchaus vergleichbar, daher muss ein Teil der Verantwortung für das schlechte Können unserer Golfer an anderer Stelle gesucht werden. Die mangelnde Unterstützung unseres Sports durch die Politik ist eine der Hauptursachen der fehlenden Basis für einen Breitensport, wie sie zum Beispiel in den USA, in England, Schottland, Schweden und anderen Ländern anzutreffen ist.

Ein weiterer Grund für schlechtes Golf ist meines Erachtens die pädagogische Ausbildung unserer Lehrer, die hierzulande noch sehr im Argen liegt. Zumindest muss man das annehmen, wenn man vielerorts nur einmal gründlich genug die Tätigkeit unserer Pros auf der Übungswiese beobachtet und die Auswirkungen des zu technisierten Unterrichts erlebt hat. Hier bleibt also viel zu tun, und das Argument mancher Kirchturmpolitiker, dass es in Deutschland an entsprechender Fläche mangele, lässt sich schnell ad absurdum führen. So wie die Golfplätze heute gebaut werden, mit vielen Biotopen und nur wenig Pestizidbedarf, ist die abwechslungsreiche Grünfläche eines Golfplatzes immer einem monotonen Maisacker vorzuziehen, wobei nicht nur ästhetische Gründe den Ausschlag geben.

## Schnelle Hilfe oder wirkliche Hilfe?

Viele Lehrer haben den Ehrgeiz, eine eigene Erfindung einzubringen und ihren eigenen Schwung zu kreieren. Ob das richtig oder falsch ist, kann und will ich nicht beurteilen. Allerdings glaube ich nicht, dass man das Rad immer wieder neu erfinden muss. Man sollte den Schwunggedanken so einfach wie möglich gestalten (KISS – Keep it simple, smartie) und sich vor allem auf die mentale Seite des Golfspiels konzentrieren, wobei selbstverständlich die technische Seite nicht vergessen werden darf. Aber diese Gefahr ist gering, da in fast allen Golfschulen unseres Landes der technische Unterricht die gesamte Arbeit des durchschnittlichen Pros umfasst. Beim Golf gibt es keine »schnelle« Hilfe, kein »quick shot«. Wer darauf setzt und keine Geduld mitbringt, hat schon verloren. Wenn Sie nach dem »richtigen« Schwung suchen oder dem Trick, mit dem – scheinbar – die Professionals arbeiten, dann suchen Sie in der falschen Richtung und können niemals fündig werden.

Zwar ist das oben Gesagte hauptsächlich auf den älteren Golfer gemünzt, deshalb mag das eine oder andere dem jüngeren Golfer überflüssig erscheinen. Aber im mentalen Bereich habe ich noch keinen Unterschied zwischen Jung und Alt feststellen können. Häufig ist der ältere Golfer dem jüngeren um einiges voraus, überschätzt letzterer doch oft seine körperlichen Möglichkeiten und hat noch nicht gelernt, dass der – trainierte – Geist der stärkste Teil des Körpers ist.

Wie bei allen Dingen macht auch beim mentalen Training die Übung den Meister. Prof. Schultz, der Erfinder des Autogenen Trainings, hat immer wieder darauf hingewiesen, dass der häufigste und schwerste Fehler das unsystematische Üben ist. Ohne systematisches Üben kann nichts erreicht werden, hat er immer wieder betont. Jedes Training erfordert Charakter, aber hier gilt der Umkehrschluss: Mentales Training bildet auch den Charakter.

## Stärken und Schwächen erkennen

Bei allen unseren Betätigungen, sei es im Beruf oder im Sport, ist es wichtig, frühzeitig seine Stärken und Schwächen festzustellen. Ein Sportler mit Höhenangst wird sich wohl kaum für Bergsteigen oder Skispringen entscheiden, sondern eher für eine Sportart, bei der ihm seine Angst nicht ins Gehege kommt, und ein Sprinter wird sich nur selten für den Marathonlauf melden, weil seine Ausdauerwerte und seine Statur dies nicht zulassen. Aber eines gilt für alle: Ohne Training gibt es keine Steigerung. Ich sage dies nur, damit keine Missverständnisse entstehen und sich jemand in dem Glauben wiegt, mentale Stärke allein mache schon einen guten Golfer aus. Es ist die gute Orchestrierung der beiden Hauptteile – mentale und technische Fähigkeiten –, die zum erfolgreichen Golf führt.

Wenn Sie bereits Golfer sind, der sich mit den Herausforderungen dieses Sports auseinander gesetzt hat, um das Geheimnis des richtigen Spiels zu erfahren, dann werden Sie längst wissen, ob Ihnen vielleicht das kurze Spiel besser liegt als die langen Schläge, oder ob Ihre Sensibilität die besten Voraussetzungen für das Putten bietet. Es ist immer gut, sich über seine Stärken und Schwächen im Klaren zu sein, damit man Defizite durch entsprechendes Training ausgleicht.

Talent im Golf kann nicht schaden, aber wenn man mit Golf nicht seinen Lebensunterhalt verdienen will, reichen die normalen menschlichen Fähigkeiten aus, um so viel zu lernen, dass man diesen herrlichen Sport mit Freude und Erfolg ausüben kann. Gewiss gibt es auch hier Ausnahmen, aber die sollen an dieser Stelle nicht besprochen werden. Grundsätzlich gilt: In jedem Menschen ruht ein Golfer, man muss ihn nur erwecken und nicht durch zu viel Wissen und Technik schon am Anfang verbiegen. Der wertvollste Teil unserer Veranlagung ist unser Instinkt, welcher dem Menschen innewohnt und ein Teil unserer evolutionären Entwicklung ist. Wir sollten es nicht zulassen, dass dieses außerordentliche Kapital nicht genutzt wird.

Golf ist sehr komplex und bei seinem Training hat man ein weiteres Feld abzudecken als zum Beispiel beim Tennis. Es beginnt damit, dass man vierzehn Schläger in seiner Golftasche vorfindet – und jeder, glauben Sie mir, jeder Schläger ist wichtig und kann im entscheidenden Moment den Unterschied zwischen Sieg und Niederlage ausmachen. Aber haben Sie grundsätzlich vor keinem Ihrer Schläger Angst. Wenn es Ihnen partout nicht gelingen will, den Ball mit einem 2er oder 3er Eisen in die Luft zu kriegen, dann nehmen Sie ein entsprechendes Holz 7 oder 9.

Viele Spieler, die ich beim Üben beobachten konnte, haben stundenlang mit mittleren Eisen oder langen Hölzern wunderbare Bälle geschlagen, um dann ganz am Ende des Trainings mit nur wenig Lust noch ein paar Chips zu machen oder ein, zwei Bälle aus dem Bunker zu schlagen. Natürlich macht es mehr Spaß, Bälle mit jenem Eisen oder Holz zu schlagen, mit dem man sich am sichersten fühlt. Ob damit eine Verbesserung des Spiels zu erreichen ist, wage ich aber zu bezweifeln.

Grundsätzlich sollten Sie immer die Schläge am meisten üben, die sie am wenigsten beherrschen. Es genügt durchaus, wenn Sie am Anfang des Trainings ein paar Bälle mit Ihrem Lieblingseisen schlagen, um den richtigen Rhythmus und eine gewisse Sicherheit zu finden. Dann erst greifen Sie zu ein paar längeren Eisen, anschließend vielleicht zu den Hölzern, und dann konzentrieren Sie sich auf das kurze Spiel, das den größten Anteil an Ihrem Spiel hat. Niedrige Scores hängen vom Spiel aus hundert Metern ab! So schön und bewundernswert Ihre langen Schläge auch sein mögen, die Punkte machen Sie auf den letzten hundert Metern. »Driving for show, putting for dough!« (Abschlagen ist für die Show, putten für die Kohle.) Diesen Spruch der amerikanischen Tour-Spieler sollten Sie sich immer dann in Erinnerung rufen, wenn Sie auf die Übungswiese gehen. Bei einer Golfrunde mit einem Score von 72, also dem Platzstandard, sind durchschnittlich etwa fünfzig Schläge mit den Wedges oder dem Putter zu zählen. Also bleiben nur rund zweiundzwanzig längere Schläge!

# *Lernen*

*Wenn du den Golfschwung lernen willst,*
*dann höre nicht auf deinen Lehrer, beobachte ihn.*
LARRY MILLER

Die beste Art des Lernens ist die des Kindes: das Nachahmen. Wer hat nicht schon erlebt, dass er nach einem Profiturnier und der langen Beobachtung all der wundervollen Golfschwünge das Gefühl hatte, jetzt besser zu schwingen. Niemand hatte etwas erklärt, nur das Schauen hat den eigenen Instinkt geweckt – bis man dann wieder versucht, etwas zu begreifen und Erklärungen für Dinge zu finden, die sich nicht mit dem Verstand ermessen lassen. Eine Erkenntnis, ein Stück Bewusstsein dieser Art sollte aus dem Herzen kommen, weil der Verstand für diese Art des Verstehens zu klein ist. Das Genie liegt im Schüler, nicht im Lehrer! Und: Der Schlüssel zum Lernen liegt im tiefen Verstehen und in der Erkenntnis; ich kann das nicht oft genug wiederholen. Jeder wirkliche Lernprozess beginnt mit einer Erkenntnis, geht über das Bewusstsein und führt zum Ergebnis mit anschließender Rückmeldung womit sich der Kreis schließt. Ein guter Lehrer sollte dieses System kennen und beherrschen. Leider lassen die meisten Lehrer diese Art der Hingabe vermissen oder wissen es nicht besser, und so leidet die Effektivität des Unterrichts.

Man sollte seinen Lehrer nicht nur als Wissensvermittler betrachten, sondern ihn sich zum Coach »erziehen«, denn dies ist die effektivste Art zu lernen und wird nie langweilig. Langeweile ist der Tod jeden Lernens. Mehr über das »Coaching« erfahren Sie im entsprechenden Abschnitt.

Von Al Geiberger gibt es ein Video mit dem Titel »Sybervision« (ich erwähnte es bereits im Kapitel »Der ›richtige‹ Schwung«), das ich für das beste Lehrvideo überhaupt halte. Kein Wort wird gesprochen, nur der Schwung wird in den verschiedensten Variationen und Tempi, begleitet von meditativer Musik, gezeigt. Ich halte dies für eine der wirksamsten Methoden, um den Instinkt anzusprechen und unsere kreativen Fähigkeiten zu wecken. Al Geiberger war der erste Golfer, der die »59« – also 13 unter Par – gespielt hat. Sein Schwung ist nicht nur von erlesener Schönheit, rhythmisch vollkommen ausbalanciert, sondern er führte auch zu vielen Erfolgen. Versuchen Sie aber bitte nicht, diesen Schwung exakt zu kopieren, sondern lassen Sie sich von der suggestiven, musikalischen Rhythmik beeinflussen und denken Sie dabei immer daran, dass Sie dies auch können, ohne Wenn und Aber. Alle Menschen besitzen ein erstaunlich hoch entwickeltes Lernsystem, auch wenn sie als Anfänger ein paar ganz normale Schwierigkeiten der Koordination haben.

Jeder Lehrer, der sich beim Unterricht nur auf die technische Seite des Golfspiels beschränkt (soweit es sich nicht um die notwendigen technischen Grundlagen und – später – die stets notwendigen, kleinen Schwungverbesserungen handelt), gleicht einem Baumeister, der beim Bau eines Hauses aus Beton mühevoll das Flechtwerk der Eisenarmierung erstellt und dann versäumt, den Beton einzufüllen. Oder er kümmert sich um die Details der Zufahrt, des Gartenzauns und der Blumenbeete, vergisst aber den eigentlichen Bau des Hauses.

Wenn Sie mit Golf glücklich werden und viel Freude daran haben wollen, dann kann Ihnen eine neue Technik vielleicht kurzfristig helfen. Aber wenn Sie den Golfschwung wirklich lernen wollen, sollten Sie die üblichen Formeln und Tipps vergessen. Es geht nicht darum, den einen oder anderen Fehler zu korrigieren (haben Sie das nicht schon so oft versucht und kamen sich dabei vor wie Sisyphos?). Der traditionelle Golfunterricht geht davon aus, dass etwas falsch ist mit dem Schwung, ergo muss man ihn verbessern. Das ist die Sicht der weitaus meisten Golfer (und Lehrer!). Es klingt ja auch so einleuchtend und wird deshalb selten in Frage gestellt. Kaum jemand kommt auf den Gedanken, dass es auch eine ganz andere Möglichkeit zur Fehlerkorrektur gibt. Für fast jeden Golfer gehört das Herumdoktern am Symptom zur absoluten Wahl des Mittels. Wieso nicht, denn auch auf anderen Gebieten gehört das Laborieren am Symptom zu unserem gesellschaftlichen Prinzip, und wer kommt schon auf den Gedanken, das alles in Frage zu stellen? Wenn man Kopfschmerzen hat, lässt man sich Pillen dagegen verschreiben, wenn man oft krank wird, geht man halt öfter zum Arzt, und wenn der nicht schnell helfen kann oder sogar nach den Ursachen forschen will, dann möchte man doch lieber ein Rezept, damit man sich schnell von dem Übel befreien kann.

Beim Golf ist es nicht anders: Wenn man zum Beispiel »sliced« (der Ball driftet nach rechts ab), versucht man, den Schläger früher zu schließen. Man »wirft« den Schläger beim Downswing, was nichts anderes ist als der Versuch, das Symptom zu kompensieren statt nach der Ursache dieses Slices zu forschen. Wir befinden uns in einer emotionalen Schleife: »Jetzt hab' ich es, jetzt habe ich's wieder verloren.« Wir drehen uns im Kreise nach immer der gleichen Melodie und versuchen, mit untauglichen Mitteln etwas zu verbessern, von dem wir gar nicht wissen, was es eigentlich ist.

Bei einem sehr bekannten Mentaltrainer in Kalifornien konnte ich einmal folgenden Dialog belauschen:

»Was willst du verbessern?«

»Meinen Golfschwung.«

»Welchen Teil des Schwungs?«

»Na das, was ich immer falsch mache.«

»Was machst du denn falsch?«

»Weiß ich nicht.«

»Wie willst du dann wissen, wenn es richtig ist?«

»Ich treffe den Ball richtig.«

»Und was ist, wenn der Ball wieder falsch fliegt?«

»Dann werde ich es wieder verbessern.«

»Was willst du verbessern?«

Usw.

Merken Sie, worauf ich hinaus will? Wie können Sie etwas verbessern, was Sie gar nicht in Worte fassen können und von dem Sie gar nicht wissen, was es eigentlich ist?

Beim konventionellen Unterricht werden Sie mit Wissensinhalten traktiert, die alle technisch richtig sein mögen, nur haben sie einen Nachteil: Das Pferd wird von hinten aufgezäumt, denn die wesentlichsten Elemente – natürliche Veranlagung, Instinkt und Talent – werden mit diesen Formeln nicht angesprochen. Und nur Ihr Instinkt kann Ihnen helfen, wenn Sie den Ball schlagen und der Schlägerkopf sich im Bruchteil einer Sekunde so weit schließen soll, dass er den Ball im richtigen Winkel trifft. Es ist eine Illusion zu glauben, dass man seinen Schläger mit den Händen kontrollieren könnte; das gelingt nicht einmal den besten Professionals, von Chi Chi Rodriguez vielleicht einmal abgesehen.

## Coaching

Auch der beste »Nachahmer« sollte sich und sein Spiel immer wieder genau überprüfen oder überprüfen lassen, weil sich manchmal unmerklich Fehler einschleichen, die den Flug des Balles erheblich beeinflussen können. Golf lernen ohne Feedback ist ebenso schwer wie Schwimmen im Sumpf; früher oder später gehen Sie unter. Verstehen Sie diesen Punkt nicht falsch: Durch Autogenes Golf lernen Sie das Selbstcoaching, also das Lernen des Selbstlernens. Leider haben wir nicht immer die Möglichkeit, uns selbst im Video zu betrachten. So benötigen wir das reflektierende Auge eines Partners oder Lehrers, der uns per Rückmeldung darüber in Kenntnis setzt, ob der gewünschte Effekt eingetreten ist. Es geht darum festzustellen, ob man sich dessen bewusst ist, was man während des Schwungs getan hat. Der ersten Frage: »Was habe ich gefühlt bei meinem Schwung?« folgt die zweite: »Was habe ich tatsächlich getan?«
Es ist wichtig, diesen Punkt richtig zu verstehen, denn auf diesen beiden Fragen beruht das System des Selbstcoachens. Das Ziel ist, die beobachtende Person zu einer Reflexion dessen, was sie sieht, zu veranlassen. Dies scheint eine einfache Aufgabe zu sein, aber tatsächlich bedarf es einiger Übung, um richtig zu coachen. Jeder Mensch hat seinen eigenen Standpunkt und damit seine individuelle Sichtweise. Es liegt in unserem Naturell, alles und jeden zu beurteilen und mit unserer Meinung zu überziehen. Ein solcher

Überzug subjektiver Meinungen und Ansichten erschwert die Annäherung an die Wahrheit oder, besser, die Objektivität. Wenn Sie zehn Lehrer nach dem richtigen Golfschwung fragen, dann werden Sie zehn verschiedene Antworten bekommen, falls nicht von den zehn Befragten die tiefere Einsicht geteilt wird, dass es für einen solchen Fall keine allein selig machende Antwort geben kann. Der englische Philosoph Karl Popper (1902–1994) hat gesagt, dass »wir uns ständig kritisch-experimentierend zu unseren Überzeugungen verhalten sollen und stets den Wert unserer Erkenntnismittel überprüfen müssen«.

Kaum jemand ist in der Lage, eine wirklich objektive Feststellung zu machen wie zum Beispiel nach der Frage des Übenden: »Habe ich meine linke Hand geöffnet, als der Schläger beim Rückschwung den oberen Totpunkt erreicht hatte?« Häufig antwortet der Beobachter: »Ja, die Finger haben sich vom Schläger gelöst und außerdem hast du den Downswing nicht mit der Hüfte eingeleitet.« Verstehen Sie, was ich meine? Der erste Teil der Antwort auf eine ganz klare Frage war die Reflexion und gutes Coaching, der zweite Teil war eine unerwünschte Zugabe, eine Interpretation. Ein guter Coach hat nur die Realität zu spiegeln und sich absolut jeder Meinung zu enthalten. Die Frage ist mit dem ersten Teil perfekt beantwortet, weil sich die Antwort genau auf die Frage bezieht.

In meinen Kursen üben wir diese Art des Coachings, und wer interpretiert und die Grenzen überschreitet, muss für den Fragenden ein Getränk bezahlen (oder fünf Mark für die Kaffeekasse stiften). Auf diese Weise lernt man sehr schnell, sich nur auf das Wesentliche zu beschränken. Wenn sich jemand auf die Position seines Schlägers beim Rückschwung konzentriert, so ist jede Bemerkung über einen falschen Abschwung oder dergleichen störend und absolut unerwünscht. Der Vorteil dieser Methode ist, dass praktisch jeder »den Spiegel halten« kann. Auch ein Nichtgolfer kann ein guter Coach sein, weil er gar nicht erst in die Versuchung kommt, seine Meinung einfließen zu lassen, da er von der Materie nichts versteht. Das hindert ihn nicht daran, Dinge zu sehen, nach denen er explizit gefragt wird.

Vermeiden Sie unter allen Umständen die Frage: »Was habe ich falsch gemacht?«, denn das öffnet die Tür für Interpretationen und führt in die falsche Richtung. Jeder Mitgolfer hat seine eigene Meinung über den richtigen Schwung, die richtige Spieltaktik und anderes mehr. So gut der jeweils Gefragte auch spielen mag, es ist sehr wahrscheinlich, dass er die falsche Antwort gibt. Das kann sehr leicht für beide Seiten unangenehm werden, denn der Befragte übernimmt die Verantwortung für eine möglicherweise nicht erfolgende Verbesserung seitens des Fragenden, weil für dessen gegenwärtiges Spielniveau der gegebene Ratschlag falsch sein mag und damit eher zerstörend als aufbauend wirkt.

Wichtig ist auch, die Dauer des Coachens nicht zu sehr auszudehnen. Sie sollte sich auf höchstens eine Viertelstunde beschränken, da nach dieser Zeit die Aufmerksamkeitsspanne drastisch nachlässt. Dadurch wird es für beide Seiten nicht zu belastend, und man kann an seinem Schwung arbeiten, bis man für ein nächstes Coaching bereit ist. Die Aufmerksamkeitsspanne der meisten Menschen ist eng begrenzt und auch hier gilt die Regel des »KISS«, um ein Maximum an Wirkung zu erreichen.

Wenn ein Fehler nicht im Frühstadium korrigiert wird, setzt er sich fest und ist später, wenn überhaupt, nur mit viel Mühe zu beseitigen. Ein guter Lehrer wird immer mit dem Vorhandenen arbeiten und seine Einflussnahme auf ein Minimum beschränken. Wie oft habe ich es aber erlebt, dass ein neuer Lehrer versucht, den schon fortgeschrittenen Schüler wieder zu den Grundlagen zurückzuführen, damit er ihm seinen Schwung, seine Methode beibringen kann. Eine solche Art der Regression tut keinem Golfer gut, weil sie ihn entmutigt und – vor allem an sich selbst – zweifeln lässt.

Es ist gar nicht so schwer, seinen Pro zum Coach zu erziehen, sofern man den Weg kennt und geübt hat. Aber bleiben Sie immer konsequent und verlangen Sie einfaches Feedback-Coaching, sobald Ihr Pro versucht, Sie mit seinem Wissen zu überfrachten. Auch dabei sollten Sie mit der »W«-Frage (»Was mache ich falsch?«) sehr vorsichtig umgehen und allenfalls fragen, wie es richtig ist und anschließend – Versuch und Irrtum – über das System der Rückmeldung gehen. Es wird in manchen Fällen schwer werden, das überbordende Wissen des Lehrers zu zähmen, aber lassen Sie sich nicht beirren und wechseln Sie notfalls den Pro.

Tun Sie sich einen Gefallen, wenn Sie mit Ihrem Pro am Schwung arbeiten: Fragen Sie nur das Nötigste! Fragen Sie zum Beispiel nie, was Sie beim Schwung mit dem linken Bein machen sollen. Um Sie zufrieden zu stellen (und seine Kompetenz zu beweisen), wird er Ihnen eine Erklärung geben, und Ihr analytischer Verstand wird Ihnen den nächsten Schwung ruinieren. Sollten Sie einen kompetenten und ehrlichen Pro haben, wird er Ihnen sagen, dass Ihr linkes Bein ausschließlich dazu da ist, die Lücke zwischen Hüfte und Fuß auszufüllen. Punkt. Sobald Sie beginnen, die Bewegungen einzelner Glieder zu analysieren und zu kontrollieren, kommen Sie sehr schnell in das Stadium des »Overlearnings« und verlieren jeden Rest von Natürlichkeit und Instinkt.

## Schlagvorbereitung (Pre-shot-routine)

Die richtige Vorbereitung für den Golfschlag, bekannter unter dem englischen Namen »pre-shot-routine«, ist ein eminent wichtiger Bestandteil für den guten Golfer.

Wenn Sie einen Tour-Professional beobachten, so werden Sie feststellen, dass er, bevor er den Schläger hinter dem Ball aufsetzt, immer die gleichen Bewegungen macht. Diese Bewegungen sind von einer solchen Präzision, dass man mit der Stoppuhr nur leichte Abweichungen messen kann. Es gibt Golfer, die bei einer Störung soweit gehen, dass sie den Schläger wieder in den Golfbag zurückstecken, um die Routine wiederholen zu können. Das mag übertrieben klingen, aber die wie ein Uhrwerk ablaufende Vorbereitung ist ganz wesentlich am Gelingen des Schlages beteilig; je präziser und klarer die einleitenden Bewegungen sind, deso besser wird der Schlag.

Im Kapitel »Geist kontra Technik« habe ich beschrieben, wie wichtig Imaginationen und Bilder für das Unterbewusstsein sind. Unser »Muskelgedächtnis« (ein anderes Wort für Unterbewusstsein) wird durch den Vorgang der abgezirkelten und immer genau wiederholten, vorbereitenden Bewegungen alarmiert, dass es jetzt zur Sache geht, und die entsprechenden Rezeptoren des Gehirns stellen sich auf den kommenden Schwung ein. Je deutlicher dieses Bild in Ihrem Unterbewusstsein ankommt, desto leichter und präziser wird Ihr Golfschlag. Wenn Sie in Ihre Pre-shot-routine auch die entsprechende Konzentrationsübung einbauen (Stufen-Atmung oder visuelle Konzentration), sind Sie sehr schnell in der Lage, alle störenden Gedanken abzuschalten, und das Unterbewusstsein, also der kreative Part Ihres Gehirns, kann übernehmen und den Befehl zum Schwung in der gewünschten Form geben.

Sie werden keinen guten Golfer finden, der nicht in der Lage ist, die oben beschriebene Vorbereitung in optimaler Form zu praktizieren, auch wenn er sich der Zusammenhänge nicht in der von mir aufgezeigten Form bewusst ist.

## Schlagnachbereitung (Post-shot-routine)

Es gibt zwei Situationen, bei denen sich eine Post-shot-routine, also eine »Nachbereitung« beziehungsweise Aufarbeitung des eben durchgeführten Golfschlags empfiehlt. Die erste Konstellation ist vorhanden, wenn Sie wirklich einen guten Schlag gemacht haben, und die zweite, wenn Sie einen unerhört schlechten Schlag gemacht haben, der nicht üblicherweise in Ihr Repertoire gehört.

Lassen Sie mich mit dem schlechten Schlag anfangen. Dabei darf ich daran erinnern, dass auch diese Aufarbeitung geübt werden muss, bevor sie in einem Turnier praktiziert und damit für Ihr Spiel wirksam wird:

- Fühlen Sie die negative Wirkung des eben durchgeführten Schlages. Es macht keinen Sinn, dieses Gefühl zu leugnen.
- Machen Sie einen tiefen Atemzug und stoßen Sie die Luft mit einem scharfen Laut aus, um damit die körperliche Angespanntheit der negativen Reaktion loszuwerden.

- Klopfen Sie mit dem Schläger leicht auf den Boden, um alles, was an negativen Emotionen in Ihnen ist, abzuschütteln. Visualisieren Sie dabei, wie das Negative durch das leichte Klopfen herausgeschüttelt wird. Es klingt vielleicht seltsam, aber es funktioniert, glauben Sie mir!
- Lassen Sie Ihre Gedanken zum Beginn des Schwungs zurückgehen und imaginieren Sie das Gefühl eines guten Schlages.
- Richten Sie Ihre Aufmerksamkeit auf den nächsten Schlag und gehen Sie zu Ihrem Ball.

Wenn Sie diese Übungen wirklich konstant durchführen, dann werden Sie auf die Dauer feststellen, dass die negativen Auswirkungen eines schlechten Schlages eine immer kürzere Dauer haben und Ihr Spiel nicht mehr beeinflussen können.

Nach einem wirklich großartigen Schlag können Sie die gerade gemachte Erfahrung in eine Auslösefunktion (»trigger«) verwandeln, indem Sie bei der Erinnerung an diesen Superschlag den Finger an Ihr Kinn pressen oder den gleichen Gedanken mit einem Druck auf Ihren Schläger verbinden, um sich Emotion und Bild für einen zukünftigen Schlag einzuprägen. Wann immer Sie wieder vor dem Ball stehen, nachdem Sie Ihre Pre-shot-routine durchgeführt haben, kann dieses deutliche, »abgespeicherte« Bild die leitende Imagination für Ihr Unterbewusstsein sein, indem Sie durch die Berührung des Kinns oder den bewussten Druck der Finger die Erinnerung herstellen.

Was den guten vom schlechten Golfer unterscheidet, ist, dass der erstere einen Plan hat und sich von ihm leiten lässt, weil er ihn geübt und dadurch Selbstvertrauen gewonnen hat. Wie gewinnen die großen Tour-Spieler Turniere? Sie haben einen Plan und üben.

## Über das Üben

Wenn Sie in die tieferen Schichten des Golfspiels eindringen wollen, dann ist die Suche nach der richtigen (Coaching-)Methode zwar der wichtigste, aber nur der erste Schritt. Der nächste

Schritt, also das Umsetzen der theoretischen Erkenntnis in die Praxis, erfolgt über das Üben. Dies gilt sowohl für den mentalen wie für den technischen Teil. Dabei betrachte ich das Üben nicht als etwas, was wir tun, sondern als etwas, das wir sind, also ein Teil von uns wird. Die guten Spieler lieben es zu üben und deshalb werden sie besser. Und je besser sie werden, desto mehr lieben sie es zu üben – darin liegt der Schlüssel zum Erfolg. Das heißt, das Üben nicht als Arbeit, sondern als Vergnügen einzustufen, und je mehr Bälle Sie im Laufe Ihres Lebens schlagen, desto größer wird die Einsicht in das unendliche Geheimnis dieses faszinierenden und facettenreichen Sports. Erst dann beginnen Sie, die Feinheiten zu lernen. Dabei spreche ich nicht nur über das Trainieren auf der Driving Range, sondern auch davon, wenn man zum Beispiel allein über den Platz geht und vielleicht bei den Annäherungen mit mehreren Bällen spielt, um durch die jeweils veränderten Gegebenheiten der einzelnen Löcher die Herausforderungen des kurzen Spiels zu üben. Stellen Sie sicher, dass Sie keine anderen Spieler behindern, und schlagen Sie zwei oder mehr Bälle ab. Lassen Sie sich Zeit und achten Sie besonders auf die Regelmäßigkeit Ihrer Schlagvorbereitung; integrieren Sie immer wieder das vorherige Visualisieren.

Um die konventionellen Lehrmethoden zu verlassen und einen neuen Weg zu gehen, müssen wir umdenken. Wie ich an einigen Beispielen bereits deutlich gemacht habe, hilft das Zerlegen des Schwungs in seine Einzelteile nicht nur nicht, sondern es führt zur Zerstörung unserer natürlichen Veranlagung. Natürlich kann das Herumlaborieren am Symptom kurzfristige Ergebnisse bringen; das möchte ich nicht bestreiten und habe es auch selbst erlebt. Aber überlegen Sie einmal: Wie oft haben Sie schon gedacht: »An dem Teil meines Schwungs muss ich arbeiten...«, dann, nach einigem Training: »...ich hab's, das ist es«, um nur kurze Zeit später festzustellen, dass jetzt ein anderer Teil nicht stimmt. Sie gerieten in einen Teufelskreis, denn nun begannen Sie das nächste Schwungelement, mit dem Sie nicht zufrieden waren, zu trainieren – mit dem zwangsläufigen Ergebnis, dass Sie sich fühlen mussten wie auf einer emotionalen Achterbahn. Es ist dies einer der Gründe, weshalb die meisten Golfer nur ungern üben und das Schlagen der Bälle als eine Tortur empfinden. Wenn nichts Neues geschieht und nur immer wieder die gleiche Werkelei an einzelnen Schwungelementen die Frustrationsmühle in Gang setzt, dann ist die einsetzende Langeweile eine logische Folge. Goethe hat es auf den Punkt gebracht:

*»Getret'ner Quark wird breit, nicht stark.«*

Dabei kann ein gutes Training auf der Übungswiese unglaublich interessant sein und sich als ein Motivationsschub erweisen, wenn man sich auf dem richtigen Weg fühlt. Haben Sie nicht schon erlebt, wie Sie von Ihrem Lehrer kamen und das Gefühl hatten, etwas verstanden zu haben, ja, den Sinn einer Übung wirklich umsetzen konnten, weil eine neue Idee sehr plausibel erschien und Ihnen das Geheimnis des Schwungs ein wenig näherzubringen versprach? Plötzlich waren Sie motiviert und voller Schwung, Sie konnten es kaum erwarten, die neue Erkenntnis in die Praxis umzusetzen, und das Üben schien Ihnen auf einmal eine aufregende und schöne Beschäftigung zu sein. Wenn aber die konventionelle Methode nicht funktioniert, weil diese Art der Schwungzerstückelung nur selten zur Harmonie führt, werden Sie wieder zurückfallen in die alte Routine des »... jetzt hab' ich's, jetzt hab' ich's wieder verloren...«, was schnell in Mutlosigkeit umschlagen kann.

Die Kunst richtigen Übens ist wie eine Reise in ein neues Land: Überall gibt es etwas zu entdecken; immer wieder neue Bilder und Perspektiven sorgen für Abwechslung und regen den Geist an. Verharren Sie allerdings auf Ihrer Reise an einer Stelle, weil Sie dort etwas Schönes und Erregendes erlebt haben, wird auch das schönste und aufregendste Erlebnis durch die ständige Wiederholung irgendwann langweilig. So ist es auch beim Golf: Steht man auf der Driving Range und versucht zum xten Mal und immer mit den selben Mitteln das Gleiche, dann muss man sich nicht wundern, wenn Geist und Muskeln irgendwann abschlaffen, weil sich die neue Formel, die »Idee«, verbraucht hat.

Im Folgenden eine kleine Geschichte über das Üben:

*Ein Katzenliebhaber hatte von einem Zen-Meister gehört, der einen ausgezeichneten Ruf als Maler genoss. So begab sich der Mann zu dem Zen-Meister und fragte ihn, ob er ihm eine Zeichnung von einer Katze anfertigen könne. Der Meister war einverstanden und bat ihn, in zwei Wochen wieder zu kommen. Als der Mann nach zwei Wochen erschien, war die Zeichnung noch nicht fertig und nach einer weiteren Woche wieder nicht. So verging ein weiterer Monat und jedes Mal sagte ihm der Meister, dass die Zeichnung noch nicht fertig sei.*

*Als dann endlich ein Jahr vergangen war und der Auftraggeber wieder einmal auftauchte und nach der Zeichnung verlangte, setzte sich der Meister mit einem Bogen Papier an seinen Zeichentisch und in einer Minute zeichnete er die schönste Katze, die der Mann jemals gesehen hatte.*

*Da wurde er wütend und fragte den Meister, weshalb er ihn denn so lange hatte warten lassen, wo er doch kaum eine Minute brauche, um die Zeichnung zu vollenden. Ohne ein Wort zu sagen ging der Zen-Meister zu einem Schrank und öffnete die Tür, aus der tausende und abertausende von Zeichnungen von Katzen herausfielen.*

Die psychologische Forschung hat ergeben, dass ein bestimmter Bewegungsablauf, den man in seinem Muskelgedächtnis neu integrieren möchte, insgesamt ca. 1200 mal (!) an mindestens zehn verschiedenen Tagen trainiert werden muss, ehe diese Bewegung im Unterbewusstsein so verankert ist, dass sie automatisch, also ohne weiteres Nachdenken darüber, welche Muskeln oder Glieder bewegt werden müssen, abläuft. Für den Golfer bedeutet dies, dass er immer dann, wenn er eine größere Änderung an seinem Schwung vornehmen möchte, die neue Bewegung in den nächsten Tagen üben muss, ohne anschließend Golf im Wettbewerb oder mit Freunden zu spielen. Wenn er das doch tut, wird er die neue Bewegung, die ja noch nicht im Muskelgedächtnis integriert ist, schnell wieder vergessen, denn der alte, bereits bestehende automatische Reflex wird sich einschalten. Damit muss er mit den Übungen wieder bei Null beginnen.

# Der Pendelschwung

Ich habe bereits mehrfach den Pendelschwung erwähnt, der meines Erachtens eine der besten Grundlagen für den gefühlsmäßig guten Schwung ist. Wenn man einen guten Grundrhythmus finden möchte, dann ist eine leicht zu wiederholende Übung die beste Art, sich an einen solchen Rhythmus zu gewöhnen. Nachfolgend beschreibe ich einen einfachen Drill, der immer wieder für einen längeren Zeitraum wiederholt werden sollte, damit er sich ins Muskelgedächtnis einprägt und zur zweiten Natur wird.

Nehmen Sie ein mittleres Eisen und beschweren Sie es mit einem Bleiring, wie Sie ihn im Proshop bekommen; notfalls geht es aber auch ohne diese Beschwerung. Stellen Sie sich locker hin, wie Sie sich üblicherweise beim Ansprechen des Balles hinstellen, und achten Sie auf eine gute Gewichtsverteilung. Es empfiehlt sich, anfangs den Schläger nur in eine Hand zu nehmen, um den Einfluss der Hände zu minimieren, denn je mehr Sie bei der jetzt folgenden Bewegung die Hände einsetzen, desto mehr entfernen Sie sich vom Pendel. Wenn Ihnen dies zu schwierig erscheint, können Sie den Schläger auch mit beiden Händen greifen, aber stellen Sie sicher, dass die Arme und Hände wirklich passiv bleiben und die eigentliche Bewegung aus der Rotation des Körpers erfolgt.

Visualisieren Sie mit geschlossenen Augen ein Pendel, so wie Sie es von der Standuhr kennen, oder auch ein kleines Gewicht, das an einem Faden hängt und von Ihrer Hand bewegt wird. Sie üben also jetzt nicht den üblichen Golfschwung mit Stillstand vor dem Ball und der üblichen Konzentration auf den Schwung, sondern schwingen den Schläger wirklich wie ein Pendel ohne Pause immer hin und her. Beachten Sie hierzu auch im Kapitel »Der ›richtige‹ Schwung« den Abschnitt »Rhythmus, Gefühl und Musik«.

Visualisieren Sie die Bewegung vor Ihrem inneren Auge und versuchen Sie, diese Bewegung zu imitieren, indem Sie den Schwung wie folgt starten: Setzen Sie den Schläger auf den Boden und greifen Sie ihn mit der linken Hand wie gewohnt. Mit der rechten Hand pressen Sie leicht gegen die festbleibende linke, wodurch die Hüfte leicht nach links rotiert. Man nennt dies das »Pressing«. Durch diesen leichten Druck der rechten gegen die linke Hand setzen Sie den »Rotor Motor« (so nennt es Peter Croker, Begründer des »Natural Golf«), also die Hüfte in Bewegung. Nach dieser leichten Linksdrehung rotieren (nicht schieben!) Sie die Hüfte nach rechts und die Hände folgen dieser Bewegung. Der Rotor Motor setzt also den Körper in eine leichte Rotation, so dass die passiven Arme (und Hände!) dieser Bewegung folgen und der Schläger in die gewünschte Pendelbewegung versetzt wird. Am Anfang machen Sie nur geringe Ausschläge nach beiden Seiten und steigern diese langsam durch leicht verstärkte Rotation des Körpers um die eigene Achse. Sehen Sie sich als Mittelpunkt, als eine Achse, die sich um sich selbst dreht und dadurch die an ihm hängenden Glieder (durch die entstehende Fliehkraft) in Bewegung setzt. Die Pendelbewegung findet natürlich nicht, wie bei der Uhr, genau von oben nach unten, sondern – leicht versetzt – von der Senkrechten nach Außen, also in einer mehr horizontalen Linie statt, da wir leicht nach vorne gebeugt (mit geradem Rücken!) den Ball ansprechen.

Versuchen Sie, jede Schwankung nach rechts oder links zu vermeiden. Das Gewicht wird sich ganz natürlich gemäß der Stärke der Drehung verlagern, aber ohne dass der Körper sich aus seiner Mitte bewegt. Beim Rückschwung befindet sich der Großteil des Gewichtes auf dem rechten Fuß, beim Durchschwung transportieren Sie das Gewicht durch die Drehbewegung fast gänzlich auf den linken Fuß. Schließen Sie die Augen und fühlen Sie jetzt das Gewicht des Schlägerkopfes, wie sich die Hände beim vollen Schwung und das Eigengewicht des Schlägers beim Rückschwung abknicken und spannen und beim Durchschwung wieder automatisch und unbewusst entspannen (»release«). Beenden Sie den Schwung, das heißt, schwingen Sie immer aus, und versuchen Sie nicht, den Schwung in irgendeiner Phase willentlich abzubremsen. Visualisieren Sie immer wieder das Uhren-Pendel, dessen Schwung nach links genauso weit reicht wie nach rechts. Wichtig ist das Fühlen der Bewegung des Schlägerkopfes, wenn Sie durch verstärkte Rotation den Schwungbogen langsam vergrößern. Hören Sie auf das »Wuusch«, wenn der Kopf des Schlägers über den Teppich oder den Rasen streift. Sie sollten dieses »Wuusch« laut sagen, wenn der Schläger den Boden streift. Dadurch betonen Sie den Schwung und erreichen, dass der Schläger dort die höchste Geschwindigkeit hat, wo sonst der Ball liegt. Es ist ein suggestiver Laut und eine Konzentration auf dieses Geräusch kann während des Drills sehr hilfreich sein.

Ich garantiere Ihnen, dass Sie nach relativ kurzer Zeit und bei häufigem Üben ein unglaublich gutes Gefühl für Ihren Schwung bekommen, und dass das spätere Bälleschlagen schon dadurch eine neue Qualität erfahren wird, weil jetzt der Schläger am unteren Totpunkt seine maximale Geschwindigkeit erreicht. Das ist nicht selbstverständlich, denn nach einer Untersuchung in den USA aus dem Jahre 1981 wird bei dem weitaus größeren Prozentsatz aller Amateur-Golfer die höchste Schwunggeschwindigkeit beim Abschwung in Höhe von etwa 8 Uhr erreicht, also weit bevor der Schlägerkopf den Ball trifft. Im Treffmoment hat der Schläger dann höchstens noch 70 bis 80 Prozent der ursprünglichen Geschwindigkeit. Die Gründe hierfür sind mannigfaltig, aber ich erspare mir eine Aufzählung, weil ich Sie mit diesen negativen Daten nicht befrachten möchte. Wenn Sie den oben beschriebenen Schwung eine Zeitlang üben, brauchen Sie sich über dieses Problem ohnehin keine Gedanken mehr zu machen.

## Der volle Schwung

Autogenes Golf befasst sich mit der mentalen Seite des Golfs. Trotzdem möchte ich ein paar Worte über die grundlegende Schwungtechnik verlieren, wobei die technischen und die mentalen Aspekte stets eine Mischung sind, die sich nur schwer voneinander trennen lassen. Im oberen Abschnitt habe ich die Schwungbewegung so dargestellt, dass sie in natürlicher und leichter Form gelernt werden kann. Durch den Pendelschwung ohne Ball lernen Sie auf natürliche Weise, die Rotationsbewegung des Körpers in einen Golfschwung umzusetzen. Durch das Pendeln mit dem Schläger erfahren Sie schneller und einfacher als mit allen anderen Übungen die Grundlagen für den vollen Schwung. Es gibt eine einfache Übung, um sich den Schwungrhythmus vor dem Abschlag des Balles wieder in Erinnerung zu rufen: Man macht an der Seite der Tee-Zone ein paar rhythmische Pendelbewegungen, die man oft genug vorher geübt hat, und sofort stellt sich das vertraute Gefühl ein.

Die scheinbare Schwierigkeit des Golfschwungs resultiert aus dem Umstand, dass der Schwung eine Aneinanderreihung mehrerer Komponenten ist (Backswing, Downswing, Followthrough und Finish). Viele Golflehrer lassen sich dazu verführen, die genannten Teile voneinander getrennt zu betrachten. So konzentrieren sie sich beim Unterricht auf einzelne Schwungelemente, weil sie nach der – nur scheinbar – logischen Meinung vorgehen, dass man diese komplizierten Einzelkomponenten eines Schwungs nicht gleichzeitig lernen kann; ich habe bereits darüber gesprochen. Leider geht durch eine solche Methode nach einer Weile der Blick fürs Ganze verloren und den einzelnen Abschnitten des Schwungprozesses wird ein höherer Wert beigemessen als der eigentlichen Sache, nämlich dem Schwung selbst. Ich habe ebenfalls schon darauf hingewiesen, dass der Golfschwung, ebenso wie beim Lernen einer Sprache, als ein Ganzes gelernt werden und das logische Begriffsvermögen in den Hintergrund treten muss. Durch ein Trennen einzelner Schwungelemente macht man den Schwung so kompliziert, dass dadurch das instinktive Fühlen (Begreifen) verloren geht. Grundsätzlich ist zu sagen, dass ein Schwung gut ist, solange man sich damit wohl fühlt und das gesetzte Ziel erreicht.

Für alle diejenigen, die eine Idee brauchen, um das Räderwerk ihrer Motivation in Bewegung zu setzen, noch ein paar Regeln und Hinweise:

In anderen Kapiteln erwähnte ich bereits, dass man entspannt sein soll, wenn man den Ball anspricht und über dem Ball steht. Das gilt allerdings nur für den mentalen Bereich. Der Körper hingegen bedarf einer gewissen Grundspannung, so wie ein guter Leichtathlet seine Muskeln anspannt, wenn er am Start zum Sprint, Hochsprung oder dergleichen steht. Dies geschieht auch durch das sog. »Pressing«, das ich im letzten Abschnitt über den Pendelschwung erwähnt habe. Durch das leichte Pressen der rechten gegen die linke Hand wird nicht nur der »Rotor Motor« gestartet, sondern die langen Rumpfmuskeln werden vorgespannt, wodurch man Verletzungsgefahren vorbeugt, die sich meist durch den reinen Armschwung einstellen. Durch einen solchen Armschwung wird der Körper meist unrhythmisch und neigt zu Verspannungen, die schnell zur Überlastung und zu Verletzungen führen können.

Denken Sie dabei immer daran, dass die den Schwung auslösende Anfangsbewegung nicht durch die Hände oder Arme erfolgt (»Rotor Motor«)! Ben Hogan meinte hierzu: »Die Hauptsache für den durchschnittlichen Golfer ist es, jede bewusste Bewegung der Hände zu vermeiden. Der korrekte Schwung gründet sich auf einer Kettenreaktion. Wenn Sie die Hände da einsetzen, wo sie nicht eingesetzt werden sollen, verhindern Sie die Kettenreaktion.« Stellen Sie sich vor, dass Ihr Körper die Nabe eines Rades darstellt und die Arme die Speichen sind. Durch Rotation des Körpers, also den Antrieb der Nabe, bewegen sich die Speichen. Während sich die Nabe nur wenig und mit geringer Geschwindigkeit bewegt, sind die äußeren Teile des gedachten Rads (beim Golfer also der Schlägerkopf) sehr viel schneller und legen einen größeren Weg zurück. Die Schultern bewegen sich gleichfalls nur wenige Zentimeter und relativ langsam, während das äußere Element, der Schlägerkopf, beim durchschnittlichen Golfer eine Geschwindigkeit von ca. 130 bis 140 km/h erreicht.

Noch einmal Ben Hogan: »Die Tätigkeit (›action‹) der Arme wird ausgelöst durch die Bewegung des Körpers, und die Hände tun nichts anderes als mit festem Griff den Schläger zu halten.« Und Bobby Jones meint: »Die richtige Folge der Schwungbewegung ist: Körper, dann die Arme und zuletzt der Schlägerkopf.«

Es ist sehr wichtig, die Kräfte richtig zu erkennen, die dem Schlägerkopf seine Geschwindigkeit verleihen. »The inside moves the outside«, heißt es bei Michael Hebron, dem Verfasser des gleichnamigen Buches und »PGA-Pro of the Year 1987«. Die guten Schläge beim Golf resultieren aus der zentrifugalen Schwungkraft, wobei die starken Muskeln des Körpers (hauptsächlich die der Hüfte, die die stärkste Muskelgruppe hat) eingesetzt werden. Selbst die kräftigsten Arme können diese Muskeln nicht ersetzen, ganz abgesehen davon, dass Ungenauigkeiten beim Schwung immer vom Übereinsatz der Arme und Hände herrühren. Ein Diskus- oder Hammerwerfer setzt ausschließlich seine Körpermuskeln (Bein-, Hüft- und Rückenmuskulatur) ein, und seine Hände halten den Diskus oder Hammer nur so lange, bis die Fliehkraft – Ergebnis der schnellen Drehungen des Körpers – so groß ist, dass die Hände kaum noch den Diskus oder Hammer halten können. Kein Leichtathlet würde auf den Gedanken kommen, nur mit der Kraft seiner Hände oder Arme den Diskus zu werfen, weil das zu erwartende Ergebnis indiskutabel wäre.

Wichtig beim Schwung ist, das Gewicht, also auch den Kopf, so lange hinter dem Ball zu lassen, bis der Ball getroffen ist. Der Kopf ist der Drehpunkt des Schwungs und damit der Maßstab: Wenn Sie Ihren Schwung durch eine Videoaufnahme analysieren, dann achten Sie darauf, ob der Kopf im Treffmoment noch hinter dem Ball ist. Ist dies nicht der Fall, kann der Schwung nicht gut sein, weil ihm ein ganz wesentliches Moment fehlt.

Achten Sie in jedem Fall darauf, dass im Treffmoment beide Arme gestreckt sind (Videokontrolle). Dadurch bilden Sie mit dem Schlägerschaft, der eine Verlängerung darstellt, eine Linie und erreichen eine solide Übertragung des Drehmoments Ihres Körpers auf den Ball. Je leichter und flüssiger die Rotation erfolgt, desto mehr zentrifugale Kräfte werden übertragen und bestimmen die Länge und Präzision des Ballfluges. In jedem Fall sollten Sie langsam schwingen! Der durchschnittliche Amateur schwingt immer zu schnell. Immer! Hinzu kommt, dass man beim ruhigen Schwingen mehr Gefühl hat, was zur Folge hat, dass Sie durch das derart verbesserte Feedback eine falsche Bewegung leichter erkennen und korrigieren können.

Wollen Sie Ihren Schwung kontrollieren, dann führen Sie ihn so langsam wie möglich aus. Durch diese Zeitlupenbewegung erfahren Sie am besten, wo sich beim Schwung Ihr Gewicht befindet, wie es sich beim Rückschwung und Durchschwung verlagert und wie sich der Schlägerkopf verhält, bis er auf den Ball trifft. Ihr Muskelgedächtnis speichert den Schwung bei dieser Verlangsamung im gleichen Maß wie bei Ihrem normalen Tempo, aber Sie haben bei einer langsamen Bewegung eine bessere Kontrolle.

Schauen Sie sich den ruhigen, fast schon trägen Schwung eines Freddy Couples an oder den gleichmäßigen und langsamen Schwung von Ernie Els und Vijay Singh. Alle drei gehören zu den Longhittern auf der Tour. Der bereits zitierter Al Geiberger hat ebenfalls einen langsamen Schwung. Damit will ich nicht sagen, dass man mit einem schnellen Schwung nicht auch erfolgreich ist. Olazabál ist ein Beispiel. Aber überlassen Sie das schnelle Schwingen den Professionals und denken Sie daran: Man kann nie zu langsam schwingen, immer nur zu schnell! Verbinden Sie den »Langsam«-Schwunggedanken mit einem Wortbild, zum Beispiel »wie Sahne« oder etwas Ähnlichem, denn Sie wissen ja, das Unterbewusstsein verlangt immer nach einem Bild, nicht nach Worten.

Das Spiel – im Gegensatz zum Schwung – kann man nur Schritt für Schritt lernen, und es braucht entsprechende Zeit und die richtigen Anweisungen, damit man nicht den zweiten Schritt vor dem ersten macht. Beim Schwung hingegen muss man aufs Ganze schauen und sich davor hüten, ihn in seine Teile zu zerlegen. Es ist wie beim Radfahren: Dadurch, dass man daran glaubt (und gesehen hat) und dann durch Versuch und Irrtum erfährt, dass die Schwungbewegung der Räder die Stabilität des Fahrrads garantiert, denkt man nicht weiter darüber nach und tut es einfach. Falls Sie über das Warum und Wie während des Radfahrens nachdenken, können Sie sehr schnell eine Bauchlandung machen. Wenn Sie sich einmal auf dem Videofilm beim Schlägerwerfen gesehen und jetzt eine Vorstellung davon haben, wie gut Ihr Instinktschwung ist, dann glauben Sie daran und wissen, dass Sie Ihrem Instinkt vertrauen können.

Ich kann es nicht oft genug wiederholen: Es ist unmöglich, die Einzelheiten des Schwungs bewusst zu kontrollieren (Dauer: 2 bis 2 $\frac{1}{2}$ Sekunden!), hinzu kommt der Umstand, dass der durchschnittliche Amateur fünf (!) verschiedene Gedanken während des Schwungs ablaufen lässt (siehe hierzu im Kapitel »Geist kontra Technik« den Abschnitt »Selbstvertrauen und die Kunst der Konzentration«). Aus diesem Grund müssen wir uns erst den Instinktschwung (siehe im selben Kapitel »Erkenntnis, Bewusstsein und Instinkt« und weiter oben »Der Pendelschwung«) erarbeiten, ehe wir uns den Verfeinerungstechniken zuwenden. Da Schlägerfläche und Ball relativ klein sind, hat schon die geringste Veränderung in der Haltung eine große Veränderung der Richtung und des Flugverhaltens zur Folge (1 Grad Abweichung der Schlägerfläche – der Push oder Pull – bedeutet 3,20 Meter seitliche Abweichung in 180 Meter Entfernung). Wissen allein ist nicht hilfreich und überfüttert nur unseren unersättlichen Computer im Kopf, ohne viel zu nützen, ganz im Gegenteil: Je mehr Sie wissen, desto eher blockieren Sie sich selbst, weil Sie zu sehr über den Kopf gehen, statt den Schwung zu fühlen.

Da wir beim Schwung immer seitlich vom Ball stehen und den Körper leicht nach vorne neigen, kann der Schlägerkopf nicht auf einer geraden Linie geschwungen werden. Wir schwingen also beim Rückschwung nach innen und beim Durchschwung wieder nach innen. Die Schwungbahn einer Schwingtür lässt sich vielleicht am besten mit der Schwungbahn eines Golfschlägers vergleichen. Die übliche Abweichung von der Ideallinie ist der Schwung von außen nach innen; das Divot (jenes längliche Loch, das durch das ausgeschlagene Rasenstück entsteht) verläuft also quer von außen nach innen über die gerade Linie zum Ziel. Das Ergebnis ist fast immer ein Slice (der Ball fliegt im Links-nach-rechts-Bogen) oder ein Pull-Hook (gerader Ball weit nach links verzogen). Dies geschieht meist dadurch, weil der Schläger am oberen Totpunkt bei Rückschwung mit den Händen zuerst bewegt wird. Oft wird der Schläger »geworfen«, wobei der Körper fast ruhig stehen bleibt und die Hände überaktiv sind. Die langen Muskeln des Körpers (Beine, Rücken) kommen dabei nicht zum Einsatz. Würden Sie sich bei einem Steinwurf in der gleichen Weise bewegen, hieße dies, dass Sie praktisch nur die Hände bewegen und den Körper passiv lassen – eine vollkommen unnatürliche Bewegung, die bei einem Steinwurf fast niemand macht.

Nur der unnatürliche Weg des Lernens verhindert die natürliche Bewegung des Körpers, so wie es beim Schlägerwerfen richtig und in ganz natürlicher Weise geschieht.

Aber ob Sie nun ein permanenter Slicer oder – viel seltener – Hooker sind, mein Rat ist: Vermeiden Sie unter allen Umständen eine Kompensation, also zum Beispiel beim Slice einen »geschlosseneren« Stand (rechtes Bein zurückgesetzt) und »stärkeren« Griff (Verdrehen der Hände am Schläger nach rechts) oder ein bewusstes und früheres Überrollen der Hände sowie ähnliche Hilfsmittel, die meist angewendet werden, um eine schnelle Verbesserung zu erfahren. Hierdurch erreichen Sie zwar manchmal eine kurzfristige Verbesserung, aber eine solide Technik, die weitere Verbesserungen in der Zukunft zulässt, verbauen Sie sich mit derartigen »Abkürzungen«. Die Ursachen für solche Fehler können unterschiedlichster Natur sein. Eine zu tiefe Analyse möchte ich aber vermeiden, denn diese Probleme tauchen nie mehr auf, wenn Sie Ihren Instinktschwung in der von mir aufgezeigten Form trainieren. Mit der Benennung einzelner Fehlerquellen halte ich mich bewusst zurück, da derartige Analysen nur wieder den alten Teufelskreis des Kurierens am Symptom in Bewegung setzen würden.

Ich darf noch einmal wiederholen, was beim Schwung immer zuerst beachtet werden sollte: Stellen Sie sich vor, dass Sie eine Sense schwingen, um das hochgewachsene Gras im Garten zu schneiden. An diesem einfachen Beispiel können Sie den Rhythmus des Golfschwungs erkennen, welcher der Bewegung der Sense genau gleicht. Sollten Sie ein solch altmodisches Gerät besitzen, dann nehmen Sie es in die Hand und üben damit, denn damit lassen sich genau die Muskeln stärken, die man für den Golfschwung benötigt, und vor allem: Man kann das richtige Timing des Schwungs fühlen. Wenn keine Sense zur Hand ist, tut es ein Schläger, der mit entsprechenden Schwunggewichten schwerer als normal gemacht werden sollte. Sorgen Sie dabei immer für eine adhäsive, raue Griffoberfläche, denn bei einem alten, glatten Griff müssen die Hände zu fest zupacken, und die Unterarmmuskeln verspannen sich und verkrampfen. Mit einem glatten Griff können Sie nicht locker schwingen.

Solche Schwungübungen sollten Sie immer mit einem schweren oder beschwerten Schläger machen, um die zum Schwung notwendigen Muskeln zu stärken und die Fliehkraft besser zu fühlen. Je kräftiger Ihre Arme und Hände sind, desto mehr Gewicht benötigen Sie anfänglich, um die Aktivität der Hände und Arme zu reduzieren. Üben Sie mit Hilfe einer Sense, dann brauchen Sie nicht über die Gewichtsverteilung oder sonstige Dinge nachzudenken, denn Sie stehen automatisch immer richtig; andernfalls würden Sie umfallen.

Wenn wir in diesem Kapitel über die Technik des Schwungs sprechen, dann nur, um bestimmte Feinheiten herauszuarbeiten, die Sie dazu befähigen sollen, mit bestimmten Aufgaben, zum Beispiel im kurzen Spiel, besser fertig zu werden. Auch beim Pitchen, Chippen oder Putten sollten Sie Ihren Instinkt walten lassen, jedoch mit Hilfe bestimmter Techniken (siehe hierzu weiter unten: »Das kurze Spiel«) das sehr wirksame, aber etwas grobe Werkzeug des Instinkts zu einem feiner wirkenden Instrument machen.

Manchmal werde ich nach bestimmten Dingen gefragt wie zum Beispiel: »Was machen die Hände im Treffmoment; wann muss ich sie überrollen; wann kommt die Aufwärtsdrehung?« Meine Antwort ist immer: »Vergiss das alles. Lass deine Schultern die Arme bewegen, der Rest ist pure Reaktion. Wenn deine rechte Innenhand beim Rückschwung gegen den Himmel zeigt und die linke zum Boden, dann musst du nur darauf achten, dass du die Arme beim Vorwärtsschwung (Downswing) zum Ziel hin nahe am Körper behältst, somit also auf der Innenseite der Schwungbahn.« Wenn man dergestalt die Arme nahe am Körper führt, reagieren die Hände und Handgelenke beim »Release« (Loslassen) ganz automatisch und führen den Schläger gerade an den Ball. Die rechte Handfläche bewegt sich im Treffmoment in Richtung Boden. Jim Ballart, ein bekannter amerikanischer Golflehrer, hat diese Art der Armführung nahe am Körper den »Connected Swing« genannt; das heißt also, dass die Arme sich nicht selbständig machen dürfen und immer mit dem Körper verbunden sein sollen. Das Dreieck, das die Arme beim Ansprechen des Balles formen, bleibt während des Schwungs erhalten.

Viele Lehrer und Lehrbücher sprechen von einem bewussten Überrollen der Hände, von »Supination« (Aufwärtsdrehung) und »Pronation« (Einwärtsdrehung) und sorgen damit nur für Verwirrung. Kein Mensch (selbst die besten Pros geben das zu) kann die Bewegung seiner Hände im Treffmoment so kontrollieren, dass er dem Ball mit einiger Sicherheit die richtige Richtung geben kann. Vertrauen Sie Ihrem Instinkt, der Rest ist Versuch und Irrtum, also beständiges Üben, und damit gewinnen Sie die Sicherheit, die Sie auch im kritischen Moment nicht im Stich lassen wird.

## Schwungprobleme

Es ist erstaunlich, wie wenig ein Golfer über seine Probleme weiß, denn jedes Mal wenn er seine Schwungbewegung im Video sieht, traut er kaum seinen Augen. Das liegt daran, dass er immer nur auf den Teil seines Schwungs schaut, dessen er sich bewusst ist, und seine »blinden Flecken« nicht kennt. Die meisten Fehler entstehen jedoch in diesen blinden Flecken und sind deshalb so schwer abzustellen.

Ein Beispiel soll für viele stehen: Man beginnt beim Abschwung mit den Händen statt mit der Hüfte oder den Beinen. Dadurch überholen die Hände den Körper, und die Schwungebene des Schlägers verläuft zwangsläufig von außen nach innen, weil die Hüfte im Weg ist und dadurch verhindert, dass der Schlägerkopf von innen an den Ball kommt. Meist ist man sich dessen nicht bewusst und sucht den Fehler an einer Stelle, die man kennt. Vielleicht sieht man am Divot, dass der Schläger durch den Ball schneidet, also versucht man jetzt, den Schläger weiter hinter den Körper zu führen als zuvor, um damit von innen an den Ball zu kommen. Dass eine solche »Reparatur« allenfalls kurzfristige Ergebnisse zeitigen kann, leuchtet ein. Dadurch, dass man nichts über den blinden Fleck weiß – in diesem Fall die Tatsache, dass die Hüften nicht frühzeitig genug rotieren –, beginnt man zu kompensieren und verschlimmert das Übel, weil man einen Fehler mit einem anderen zu besiegen versucht. Selbst wenn einem der Pro den richtigen Hinweis gibt (ich habe dies in meinen Anfängen selbst erfahren!), ist man meist immer noch nicht in der Lage, den blinden Fleck zu erkennen.

Immer wieder korrigiert und repariert man an der falschen Stelle, was den eigentlichen Fehler noch weiter manifestiert. Erst wenn der Lehrer einem den Fehler auf dem Video vorführt und erklärt, was wirklich geschieht, glaubt man ihm und hat jetzt eine Chance, seinen »Blind Spot« zu überwinden. Es ist überflüssig zu sagen, dass die Fehler beim langen Schlag auch in den kurzen Schwüngen gleichermaßen evident sind, selbst beim Putten.

# Der Griff

Wenn ein Anfänger das erste Mal einen Schläger in die Hand nimmt und der Pro ihm die Anordnung der Hände auf dem Schlägergriff zeigt, werden Weichen gestellt, die für die spätere Qualität des Schwungs von grundlegender Bedeutung sind. Es ist unmöglich, mit einem schlechten Griff einen guten Schwung zu haben, denn durch einen falschen Griff werden Sie immer eine Kompensationsbewegung machen müssen, damit der Schlägerkopf im richtigen Winkel auf den Ball trifft.

Wenn Sie Arnold Palmer fragen, dann wird er Ihnen sagen, dass man den Griff sehr fest halten soll. Nun, was für Arnie Palmer gut ist, ist noch lange nicht gut für Sie. Andere Lehrbücher verpflichten Sie darauf, dass der V-Winkel – der Winkel, der von Zeigefinger und Daumen gebildet wird – auf die rechte Schulter zeigen soll, andere wiederum empfehlen den »schwachen« Griff (die Hände sind etwas nach links gedreht, das »V« deutet auf die Stelle rechts vom Hals).

Auch die Platzierung Ihrer Hände auf dem Griff ist eine Mischung zwischen Technik und mentaler Orientierung. Der Lehrer wird Ihnen den Vardon- oder Overlapping-Griff zeigen (der kleine Finger der rechten Hand liegt über/zwischen dem Zeige- und Mittelfinger der linken Hand), den Interlocking-Griff (der linke Zeigefinger wird zwischen kleinen und Ringfinger der rechten Hand gesteckt) oder den Baseball- oder Zehn-Finger-Griff (die Hände liegen untereinander und die Finger werden nicht überkreuzt). Das Gefühl kann Ihnen der Pro allerdings nicht vermitteln, und, wenn Sie den Schläger zu fest halten, dann werden Sie Probleme bekommen, den Schläger im Treffmoment frei zu lassen; ganz abgesehen davon, dass ein fester Muskel nicht die Schwunggeschwindigkeit und Leichtigkeit entwickeln kann wie ein lockerer Muskel. Versuchen Sie, den Schläger zu halten wie einen gefangenen Vogel: Er soll nicht wegfliegen, Sie wollen ihn aber auch nicht erdrücken.

Wenn Sie Hornhaut auf den Händen entdecken, können Sie davon ausgehen, dass Sie etwas falsch machen. Hornhaut bildet sich nur, sofern Druckstellen entstehen. Ein entspannt – nicht locker – gehaltener Schläger verursacht keine Schwielen. Kontrollieren Sie auch Ihren Handschuh: Ist die Stelle am Handballen abgeschmirgelt, können Sie davon ausgehen, dass sich die beiden letzten Finger, also kleiner und Ringfinger, beim Rückschwung am oberen Totpunkt durch die Hebelkraft des Schlägers öffnen. Dies ist einer der häufigsten Probleme und nur ein sehr geschulter Lehrer kann diesen Fehler sofort erkennen. Durch die Öffnung dieser Finger kann ein »Überschwung« entstehen, oder die Schulterdrehung wird reduziert, das heißt, Sie kommen mit dem Körper nicht richtig hinter den Ball und Ihr Schwung wird unrund.

Sollten Sie Probleme mit der Länge haben, dann könnte der Zehn-Finger-Griff helfen, aber grundsätzlich ist das Gefühl hier das Maß aller Dinge. Bei den meisten Pros ist der Vardon-Griff zu beobachten, ebenso bei den meisten Amateuren.

Eine der schwersten Übungen ist es, die Griffhaltung zu ändern. Nur wenn Sie wirklich diszipliniert üben und den Schwung mit der neuen Haltung mindestens 1200-mal ausführen, können Sie davon ausgehen, dass sich der neue Griff nicht mehr fremd anfühlt. Versuch und Irrtum ist auch hier das Maß der Dinge. Probieren Sie, was sich für Sie am besten anfühlt, und bleiben Sie dabei. Je öfter Sie den Griff wechseln, desto leichter kann sich ein Fehler in Ihren Schwung einschleichen. Wenn der Ball in die richtige Richtung fliegt, ist Ihr Griff in Ordnung.

Für welchen Griff Sie sich auch entscheiden, achten Sie darauf, dass beide Daumen nicht gerade nach unten zeigend auf dem Griff liegen. Der linke Daumen muss ein wenig nach rechts versetzt sein, der rechte Daumen nach links versetzt. Dadurch wird erreicht, dass der linke Daumen den Schläger am oberen Rückschwung-Totpunkt abstützen kann und sich das Gefühl für den Schlag intensiviert. Der rechte Daumen soll den Schläger an der gleichen Stelle nicht stützen, da man dadurch den Schwungradius verkürzen würde. Wichtig bei jeder Art der Griffhaltung ist, dass die Hände sich intensiv berühren, miteinander verschmelzen und eine Einheit bilden.

## Das kurze Spiel

Das lange Spiel ist sicherlich spektakulärer und aufregender als das Pitchen und Chippen oder Schläge aus dem Sand. Aber ein guter Score wird meist bei den kurzen Schlägen um das Grün entschieden. Betrachtet man die Golfer auf der Übungswiese, so ist fast immer festzustellen, dass die langen und mittleren Schläge geübt werden; nur selten wird der gleiche Zeitaufwand ins kurze Spiel investiert. Es handelt sich hier um ein ähnliches Ungleichgewicht wie beim Vergleich von technisch oder mental dominiertem Spiel. David Pelz, der eine Schule für kurzes Spiel in Florida führt, sagt, dass 69 Prozent der Schläge auf der Runde weniger als volle Schläge sind: 43 Prozent sind Putts, 26 Prozent sind Chips, Pitches und Sandschläge.

Wenn Sie Ihr Spiel schnell verbessern wollen, dann gehen Sie aufs Übungsgrün und lassen Ihre langen Schläger im Bag. Bobby Jones sagte einmal, dass das Geheimnis des guten Spiels die Fähigkeit sei, aus drei Schlägen nur noch zwei zu machen. Diesen einen Schlag weniger werden Sie sicher nicht bei den langen Schlägen erreichen, sondern nur im kurzen Spiel. Wenn Sie es schaffen, den Hauptteil Ihrer Übungszeit rund um das Grün zu verbringen, wird Ihr Score zwangsläufig besser werden, auch wenn Ihnen die langen Schläge besser gefallen und auf Zuschauer beeindruckender wirken. Ben Crenshaw ist ein Ausnahmegolfer geworden, weil er schon in frühen Jahren die Richtigkeit dieser Lehre erkannt hatte. Ich konnte ihn oft genug vor und nach einem Turnier beobachten und war fasziniert, mit welcher Intensität und Ausdauer er seine Chips und Putts übte, immer nur mit einem Ball. Sein Lehrer Harvey Penick hatte ihm schon früh beigebracht, dass das Üben des kurzen Spiels mit vielen Bällen wenig sinnvoll ist, weil der eigentliche Sinn des Golfspiels ja ist, dass man für einen schlechten Schlag bestraft wird, diesen schlechten Schlag mit einem guten Chip oder Putt aber wieder ausgleichen kann, was verwässert würde, sobald mehrere Bälle im Spiel wären. Wenn man den ersten Ball nicht richtig trifft, wiegt man sich in dem Glauben, dass das nichts mache; man konzentriert sich auch nicht neu, da man sich gleich den nächsten Ball angelt und den verkorksten Schlag wiederholen kann.

Das Üben mit nur einem Ball ist eine sehr wichtige Grundlage, denn so müssen Sie sich von neuem auf den nächsten Schlag konzentrieren – ein Fakt, der den wichtigsten Teil des Golfspiels trainiert: die Konzentrationsfähigkeit. Mit nur einem Ball muss man immer wieder eine neue Situation einschätzen: die Länge eines Putts oder Chips, die Höhe eines Pitches über den Bunker und so weiter. Wenn Sie von der gleichen Stelle hintereinander zwanzig oder dreißig Bälle über den Bunker pitchen, dann bekommen Sie zwar eine gewisse Routine und Sicherheit, aber mit Golf hat diese Art des Trainings nichts zu tun. Machen Sie es sich deshalb zur Regel, nur mit einem Ball zu üben. Schon bald werden Sie merken, wie sehr sich Ihre Konzentrationsfähigkeit steigert und notabene auch Ihr kurzes Spiel erheblich verbessert wird, da Sie auf diese Weise immer Situationen nachspielen und üben, die Ihnen während des Spiels ständig begegnen.

## Im Bunker

Die Schwungbewegung beim kurzen Spiel bleibt im Prinzip die gleiche wie bei den langen Bällen; jetzt gilt es aber, seinen Instinkt gleichsam zu schärfen, um größere Effektivität zu erreichen. So sollten Sie zum Beispiel wissen, dass Sie den Schläger bei kurzen Schlägen im Bunker in einem ganz bestimmten Winkel zum Ball halten oder, in anderen Worten, öffnen müssen. Dabei ist auch wichtig, dass sich gleichzeitig Ihr Stand öffnet, das heißt, Sie richten Ihren Körper nach links vom Ziel aus. Der Grad der Öffnung richtet sich danach, wie weit Sie den Ball schlagen wollen. Also nicht nur die Länge der Ausholbewegung bestimmt die Länge des Balles, sondern die Öffnung des Schlägerblatts. Man sollte immer versuchen, einen fast vollen Schwung aus dem Sand zu machen. Nur die besten Spieler können es sich leisten, die Schwunggeschwindigkeit und die Ausholbewegung zu variieren. Lediglich die Fläche des Schlägers ist auf die Fahne gerichtet, allenfalls ein wenig links davon, und der Schwung verläuft parallel zum Körper. Es ist ein typischer Fehler, den Schläger bei geöffnetem Stand in Richtung Ziel zu schwingen, denn dabei fliegt der Ball in die Richtung, in die das Schlägerblatt zeigt, also weit rechts vom eigentlich angepeilten Ziel – abgesehen von der Tatsache, dass die Schwungbewegung nicht rund sein kann, wenn die Arme nicht parallel zum Stand schwingen. Die Hände befinden sich beim Ansprechen über beziehungsweise leicht hinter dem Ball und bleiben während der gesamten Aktion relativ passiv, das heißt, die Hände werden beim Treffen des Balles nicht freigegeben und halten das Blatt geöffnet, damit es gut durch den Sand schneiden kann.

Je weiter Sie Ihren Schläger beziehungsweise Ihren Stand öffnen, desto höher und kürzer fliegt der Ball. Durch die Öffnung des Schlägerblatts kann sich das Blatt nicht so tief in den Sand graben, sondern »schneidet« weich unter dem Ball durch, so dass der Ball zusammen mit viel Sand im hohen Bogen aus dem Hindernis fliegt. Der Zielpunkt (wo das Schlägerblatt auf den Sand treffen soll) ist etwa zwei bis drei Zentimeter vor dem Ball. Eine einfache Übung: Legen Sie einen Zehnmarkschein unter den Ball und treffen Sie den Sand so, dass Schein und Ball zusammen mit dem Sand in die Luft fliegen. Die Schwungbahn sollte U-förmig sein; bei größeren Distanzen flacht sich der U-Winkel entsprechend ab. Versuchen Sie einen fast reinen Armschwung zu machen, ohne den Unterkörper stark zu bewegen, so wie Sie das bei den mittleren und langen Schlägern gewöhnt sind. Das Gewicht sollte während des gesamten Schlags vorwiegend auf dem linken Fuß verbleiben, und vor allem muss sichergestellt werden, dass das Gewicht beim Finish ganz auf dem linken Fuß ist und der Ball nicht »geschaufelt« wird, was immer dann passiert, wenn der Oberkörper zu lange hinter dem Ball bleibt. Wichtig ist, dass Sie ruhig schwingen und die Hände beim Treffen des Balls (mit dem Sand) die Schlägerfläche offen halten, also nicht »loslassen« (»release«) und die Hände überrollen.

Gerade der Bunkerschlag bereitet dem Amateur-Golfer mehr Kopfschmerzen als alle anderen Schläge um das Grün. Zunächst machen viele Golfer den Fehler, das Sandeisen von der gleichen Marke wie die übrigen Eisen zu kaufen. Das kann deswegen ein Fehler sein, weil bei den weitaus meisten Herstellern der Winkel des Blatts zum Schaft (»lie«) zu steil ist (ergänzend sei hier angemerkt, dass »loft« die Öffnung des Schlägers bei senkrechter Achse zur Oberfläche des Bodens bedeutet). Bei den meisten fertigen Schlägersätzen setzt sich die »lie« allmählich fort; vom 8er und 9er Eisen bis zur Pitching Wedge und Sandwedge werden die Winkel gleichmäßig steiler (aufrechter). Je nachdem, wie stark man seine Füße in den Sand einwühlt, verringert sich bei der Sandwegde der Abstand Hände/Schläger zum Boden. Man sollte also hier eine flachere »lie« wählen, um diesen Faktor zu berücksichtigen. Je steiler der Schläger steht, desto schwieriger wird es auch, das Blatt zu öffnen, weil die Hacke (»heel«) dann die Tendenz zeigt, auf dem Sand aufzuliegen beziehungsweise zuerst aufzutreffen und ein sauberes »Schneiden« durch den Sand zur fast unlösbaren Aufgabe wird. Außerdem ist es wichtig, dass die Vorderkante des Sandeisens gerundet ist und sich vor dem sog. Hosel des Schlägers befindet und eine »flounge« (verdickte Sohle) hat, die ein Eingraben in den Sand verhindert. Der Bunkerschlag ist relativ einfach, wenn die Voraussetzungen stimmen und dieser Schlag entsprechend geübt wird. Ich persönlich spiele den Ball lieber aus dem Sand als aus dem Gras, weil er leichter zu berechnen ist. Ob Sie für Ihren Schläger eine Loft von 60 oder lieber 56 Grad wählen, hängt von Ihren individuellen Vorlieben ab. Ich selbst habe beide Schläger im Bag und verzichte dafür auf mein 2er Eisen, das ich ohnehin nur sehr selten einsetze und mit dem 5er Holz in unseren fast windlosen Breiten leicht ergänzen kann.

## Chippen

Wenn Sie knapp vor dem Grün liegen, dann sollten Sie stets zuerst prüfen, ob das Gras einen Putt zulässt oder ob Lage und Tiefe des Rasens einen Chip oder Pitch erfordern. Es gibt viele gute Golfer, die den Ball lieber putten, auch wenn sie ihn über zwei oder drei Meter Rasen spielen müssen, weil er nicht die gleiche Textur wie das Grün hat und dadurch schwerer zu berechnen ist. »Mein bester Chip ist gerade so gut wie mein schlechtester Putt«, habe ich einmal einen Tour-Spieler sagen hören. Ob sich das auch mit Ihrem Eindruck verträgt, müssen Sie selbst entscheiden und ist sehr von der jeweiligen Lage des Balles abhängig.

In jedem Fall sollten Sie eine Grundregel beachten, wonach der Ball so wenig wie möglich in der Luft sein und so viel rollen soll wie nur irgend möglich. Schätzen Sie immer ab, wie viel Distanz der Ball überbrücken soll, und nehmen Sie einen Schläger mit nur so wenig Loft wie erforderlich. Der Ball soll die Putt-Oberfläche so früh wie denkbar erreichen. Versuchen Sie immer, den Schlag einem Putt ähnlich zu machen. Je mehr Loft der Schläger hat und je länger der Ball durch die Luft segelt, desto mehr verändern Sie die Rotation (Backspin) des Balls, die auf kurze Distanz nur schwer zu kontrollieren ist. »Minimum air time, maximum ground time«, nennt es Bob Toski, und diese Regel sollten Sie sich merken.

Die meisten Spieler trauen der Loft ihres Schlägers nicht und versuchen den Ball in die Luft zu schaufeln, wobei sie ihre Hände mehr einsetzen, als nötig und erwünscht ist. Die Handgelenke bleiben fest und der Rückschwung ist steiler als üblich. Man benötigt nur wenig Kraft und Schwung für diesen Schlag und die Beschleunigung des Schlägers kommt vom Gewicht des Schlägerkopfes. Der kurze Schlag ist eine Imitation des langen Schlages mit einer Ausnahme: Versuchen Sie nicht, lang durchzuschwingen. Nur die Ausholbewegung ist lang, der »follow through« (die Bewegung des Schlägers durch den Ball) relativ kurz. Je mehr dieser Schwung einem herabfallenden Schläger gleicht, desto eher kontrolliert die linke Hand die Kraft des Schlages, und die Loft sorgt dafür, dass der Ball auf der gewünschten Linie in die Luft fliegt. Halten Sie den Schläger mit Ihrem üblichen Griff und verlagern Sie Ihr Gewicht leicht nach links und den Ball ein wenig zurück im Stand; dadurch kommen Ihre Hände geringfügig vor den Ball, die linke Hand etwa in Höhe der linken Kniescheibe. Durch diese Maßnahmen erreichen Sie einen steileren Aufschwung und Sie müssen nicht befürchten, dass Sie dabei den Boden zuerst treffen. Das Gewicht bleibt den ganzen Schwung über auf dem linken Fuß. Achten Sie darauf, die Handgelenke nicht zu steif zu halten, um eine Verkrampfung zu verhindern. Stellen Sie sich vor, einen Ball zu werfen. Ständiges Üben dieser Chips ist die beste und einzige Möglichkeit, das richtige Gefühl für Länge und Geschwindigkeit zu entwickeln. Wechseln Sie dabei immer Richtung und Entfernung, um ein Gefühl für die Distanzen (Gesamtlänge und zu überbrückender Luftanteil) zu entwickeln. Der beste Lehrer hierfür ist Versuch und Irrtum und die oben gemachten Erklärungen sollen nur Hinweise für die notwendige Technik geben, ehe Sie sich falsche Dinge angewöhnen. Eine gute Technik beim kurzen Spiel ist mindestens ebenso wichtig wie ein gutes Ballgefühl, das sich erst mit zunehmender Erfahrung verbessert.

## Pitchen

Der Pitch- oder Lob-Schlag ist der schwierigste Annäherungsschlag zum Grün. Er ist wesentlich unsicherer als der gerade beschriebene Chip und gleichzeitig einer der wichtigsten Schläge überhaupt. Es ist der Schlag, der die meiste Übung verlangt, und die Bandbreite der Möglichkeiten und Irrungen ist höher als bei jedem anderen Schlag, weil hier Dinge wie Backspin, Lage und Entfernung eine wesentlichere Rolle spielen. Allein durch die Variation von Schwunggeschwindigkeit, Länge der Ausholbewegung, Punchen (ähnlich wie beim Chip, mit steilerem Aufschwung) oder Lobben (Ball weiter vorne, weniger Backspin, höhere Flugbahn) können die Rollbewegung des Balles nach der Landung enorm beeinflussen. Die grundsätzliche Absicht beim Pitch ist, den Ball höher fliegen und weicher landen zu lassen, wenn also beispielsweise ein Bunker den Weg zum Grün versperrt und einen Chip unmöglich macht.

Um den Ball zu lobben, bedarf es eines stärkeren Armschwungs. Auch hier sollen die Hände den Schläger relativ locker greifen, um dem Schlägerkopf die Möglichkeit zu geben, gerade zum Ball zu kommen, ohne dass Sie bewusst die Hände einsetzen müssen. Wenn Sie den Schläger zu fest halten, besteht die Gefahr, dass die Hände zu sehr eingesetzt werden und er den Ball zu »spitz« trifft, was den Schlag ruiniert. Je nach Länge der zu überwindenden Entfernung sollte die Ausholbewegung mindestens bis in Hüfthöhe oder mehr gemacht werden. Dadurch können Sie Ihre Beine einsetzen, mit denen Sie die Geschwindigkeit der Abschwungbewegung kontrollieren, um den Schwung nicht zu schnell und die Hände zu aktiv werden zu lassen. Im Gegensatz zum Chip verlagern Sie das Gewicht beim Rückschwung auf den rechten Fuß, ähnlich wie bei den langen Schlägen, und dann während des Schwungs ganz normal nach links. Der Ball liegt in der Mitte und kann, je nach Erfordernis, in Richtung linken Fuß (Lob) verschoben werden. Auch hier ist viel Üben ein absolutes Muss, und nur durch Versuch und Irrtum werden Sie erfühlen, was richtig und falsch ist. Der Pitch-Schlag kann gar nicht oft genug geübt werden und verleiht Ihnen – sofern Sie ihn beherrschen – das notwendige Selbstvertrauen, wenn Sie sich aus einer prekären Lage befreien müssen. Es ist wichtig zu verstehen, dass der richtige Stand und die Position des Balls unterschiedlich sind, je nach Art des zu spielenden Balls.

Bei den geschilderten kurzen Schlägen ist das Wissen um die Technik ein sehr wichtiges Element. Denn selbst wenn man mit bestimmten Gesetzmäßigkeiten noch nicht sehr vertraut ist, lassen sich durch eine gute Technik lange Umwege vermeiden, die selbst bei viel Ballgefühl und Talent fast schon zu erwarten sind.

Man muss nicht immer wieder das Rad neu erfinden, sondern es ist nützlich und erspart Zeit, wenn man bestimmte Erfahrungen anderer in sein eigenes Spiel integriert. Das alles ist eine schwierige Gratwanderung zwischen Instinkt und Technik. So geschieht es zum Beispiel den meisten Golfern, dass ihnen der Instinkt rät, den Ball (beim Pitch) in die Luft zu bringen und ihn deswegen zu »schaufeln«, ihn also von unten nach oben zu schlagen, statt von oben nach unten unter ihm durchzuschwingen. Fast alles in uns sträubt sich gegen die Einsicht, dass allein die Loft des Schlägers den Ball in die Luft befördert. Den eigenen Instinkt und das Ballgefühl kann man erst wieder gewähren lassen, wenn die technischen Voraussetzungen geschaffen sind, so dass die optimale Wirkung erreicht werden kann. Ich sprach an früherer Stelle vom Lernen wie ein Kind. Aber auch der kindliche Lernprozess verläuft nicht immer nur nach der Versuch-und-Irrtum-Methode, auch wenn diese unverzichtbar ist; es gibt Situationen, die man durch Belehrung erfahren muss, weil man andernfalls nicht sehr alt werden würde. So muss ein Kind nicht aus dem fünften Stock springen, um zu wissen, wie sich das anfühlt.

## Putten

Über die Griffhaltung gibt es nichts zu sagen, was nicht schon hundertmal in jedem Golflehrbuch in der einen oder anderen Form erörtert worden wäre. Vielleicht greifen Sie den Schläger wie Ihr 5er-Eisen oder Sie machen einen langen, linken Zeigefinger über die Finger der rechten Hand; vielleicht nehmen Sie eine »crosshanded« Stellung (linke Hand unter der rechten) ein oder eine andere, bei der Sie sich wohl fühlen und die Ihnen ein sicheres Gefühl vermittelt.

Über den Putt-Griff kann man nicht ernstlich diskutieren oder Empfehlungen abgeben, hier hilft nur das Probieren. Was immer Sie tun: Versenken Sie jeden Putt. Zumindest denken Sie, dass Sie jeden Putt einlochen! Dennoch frage ich Sie: Wenn Sie für Ihren Putt zwei Meter haben, erwarten Sie unbedingt, den Putt zu lochen oder hoffen Sie nur, dass Sie ihn versenken? Zwischen diesen beiden Haltungen liegt eine Welt! Was immer Sie üben, erwarten Sie immer das Geräusch zu hören, wie der Ball auf den Boden des Loches fällt. Dieses Bild sollten Sie stets vor Augen haben, wie schwer Ihnen der jeweilig Putt auch erscheinen mag. Das Unterbewusstsein steuert die feinmotorischen Bewegungen Ihrer Muskeln, von denen Ihr Oberbewusstsein nichts weiß. Sie dürfen niemals einen Ball imaginieren, wie er am Loch vorbeiläuft oder nur nahe daran liegen bleibt. Niemals! Jedes negative Bild findet seinen Eingang ins Unterbewusstsein, ebenso wie das positive. Wir haben also immer die Wahl – und wir bekommen immer das, was wir vorher erwarten.

Beim Training sollten Sie zuerst von einer gewissen Distanz beginnen, um das Gefühl für die Entfernung zu bekommen. Anschließend können Sie sich dann um die Feinheiten der Richtung kümmern. Wenn Sie vor einem Turnier nur wenig Zeit haben, ein wenig Sicherheit bekommen und die Geschwindigkeit des Grüns kennen lernen wollen, dann üben Sie folgendermaßen: Beginnen Sie in zwanzig Zentimetern Entfernung und lochen Sie ein oder zwei Bälle ein. Anschließend legen Sie den nächsten Ball vierzig Zentimeter vom Loch entfernt, dann sechzig Zentimeter usw. Damit erreichen Sie, vor dem Turnier die Sicherheit des Einputtens zu erfahren und wiederzubeleben und das Geräusch des ins Loch fallenden Balls zu hören. Mit dieser Sicherheit gehen Sie dann auf die Runde und haben ein positives Bild für Ihren nächsten Putt. Die Erinnerung an die gelochten Putts ist noch ganz frisch und so wird es Ihnen leicht fallen, auch aus einer größeren Entfernung das richtige Bild an Ihr Unterbewusstsein zu senden.

## Schwungumstellung

Wieso ist es so schwer, einen Schwung umzustellen? Abgesehen von den grundsätzlichen Problemen, die ich bereits ausführlich geschildert habe, kommt bei einer größeren Änderung bestimmter Gewohnheiten noch eine wesentliche Hürde hinzu, über die sich die meisten Golflehrer nicht klar sind.

Nehmen wir an, Sie hätten noch nie einen Schläger in der Hand gehabt und gehen zu Ihrer ersten Unterrichtsstunde. Üblicherweise und nach der konventionellen Methode wird Ihnen die erste Schwungbewegung beigebracht (nachdem Griff, Grundstellung usw. erklärt worden sind): Zuerst beginnt man meist mit der Ausholbewegung (Rückschwung) des Schlägers, wobei die Hände (nachdem der Schläger auf dem Weg zurück ist) erst dann abknicken sollen, wenn das Gewicht des Schlägers dies erforderlich macht. Dabei ist wichtig, dass die Arme (vor allem der rechte Ellbogen) dicht am Körper geführt werden. Wenn Sie diese Bewegung begriffen haben, müssen Sie anschließend diese eine Bewegung (nur diese, keine zweite gleichzeitig!) mindestens 1200-mal an nicht weniger als zehn Tagen (besser sind zwanzig oder mehr) wiederholen, ehe sie im Muskelgedächtnis so verankert ist, dass Sie sie ohne nachzudenken ausführen können.

Ähnlich verhält es sich bei einer Schwungänderung, allerdings mit dem Unterschied, dass Sie die alte, eingefahrene und fest im Muskelgedächtnis verankerte Bewegung loswerden müssen. Ihr Gedächtnis ist jetzt nicht mehr leer und die neue Bewegung soll die alte überlagern. Auch hier gilt die Regel von der 1200-fachen Wiederholung. Aber wenn Sie zum Beispiel nach fünf Tagen und ca. 300 bis 500 Wiederholungen mit einem Freund auf die Runde gehen oder ein Turnier spielen, dann müssen Sie anschließend mit Ihren Übungen wieder bei Null anfangen, weil sich unter Druck automatisch Ihr altes Bewegungsmuster (das Sie ja eigentlich loswerden wollen) wieder meldet und das, was Sie vorher trainiert haben, verwässert wird. Oft genug geschieht es, dass die neue Schwungbewegung noch nicht völlig präsent ist (sie ist nur im Ober-, aber nicht im Unterbewusstsein verankert) und die alte nicht mehr so funktioniert, wie man das gewöhnt ist. Es ist der klassische Fall, dass man plötzlich zwischen zwei Stühlen sitzt.

Leider wissen die meisten Pros nichts von dieser 1200-Regel. Aber falls doch, kann man sich leicht das Dilemma vorstellen, in dem sich der Lehrer befindet, der diesen Fleiß verlangt, denn kaum ein Schüler ist bereit, diese Übungen in der geforderten Form durchzuführen. So wird dann einfach weitergewurstelt, weil dem bedauernswerten Golf-Pro sonst die Schüler weglaufen würden, und wenn man vom Lehrer kommt, ist man meist schlechter dran als zuvor. Wie oft habe ich schon die Bemerkung gehört, die sogar zur Standardausrede vor dem Spiel geworden ist: »Wundert euch nicht, wenn ich heute nichts treffe, ich habe gerade eine Stunde bei meinem Pro gehabt und meist treffe ich danach überhaupt nichts mehr.« Da die meisten Mitspieler die gleiche Erfahrung gemacht haben, kann man immer mit einem verständnisvollem Nicken rechnen.

Nicht nur aus den oben genannten Gründen halte ich es für grundsätzlich falsch, einen bestehenden Schwung zu ändern, falls es sich nicht um eine vollkommen unkoordinierte Bewegung handelt, was aber die Ausnahme ist. Wenn Tempo und Rhythmus nicht stimmen, kommt es oft zu Verkrampfungen oder Fehlhaltungen, die mit kleinen Änderungen (Pendel-Drill) meist zu beheben sind. Den idealen Schwung gibt es nicht, und wenn ein Lehrer Ihnen weismachen will, dass nur die Schule Soundso die einzig richtige ist, dann lassen Sie ihn damit selig werden und suchen sich einen besseren Pro. So wie jeder Mensch seinen individuellen Gang hat, so hat er seinen eigenen Schwung und den kann man verbessern, ohne deswegen das Kind mit dem Bade auszuschütten und dem Schüler eine Tortur aufzuerlegen, der er kaum gewachsen ist und die ihn zur Verzweiflung treiben kann. Jeder Golfer, der einem idealen Schwung nachstrebt, muss scheitern; das ist unvermeidbar. Man sollte sich immer daran erinnern, dass Golf die Kunst des Möglichen ist. Wenn ich einem Trugbild nachlaufe, dann kann ich nur enttäuscht werden. Die Lehre daraus ist klar: Versuchen Sie niemals, den Schwung eines anderen zu imitieren, sondern entwickeln Sie Ihren eigenen Stil. Erkenntnis ist der erste Schritt in diese Richtung und jedes meiner Worte will Ihnen diese wichtige Basisidee vermitteln. Wenn Sie die Übung des Schlägerwerfens (siehe den Abschnitt »Erkenntnis, Bewusstsein und Instinkt«) gemacht haben, dann wissen Sie, dass Sie es können, auch wenn Sie nicht wissen wie, aber das weiß ohnehin keiner. Akzeptieren Sie diese Erkenntnis und vertrauen Sie Ihrem eigenen Genius, der immer in Ihnen liegt und nicht im Lehrer.

Es gilt der wichtige Grundsatz, Geduld zu haben und eine Verbesserung nicht sofort zu erwarten. Geduld ist einer der sechs mentalen Ecksteine (Konzentration, Instinkt, Rhythmus, Geduld, Demut und Selbstvertrauen) für jeden guten Golfer. Was immer Sie vom Golf erwarten, welche Zielsetzungen Sie damit verbinden – Geduld ist die unbedingte Voraussetzung und einer der Schlüssel zum Erfolg. Hinzu kommt die Bedingung eines guten Coachings beziehungsweise eines guten Lehrers und entsprechendes Üben auf der Driving Range.

Im letzten Abschnitt habe ich die Wichtigkeit der Wiederholung besprochen, denn erst durch diese vielen hundert Wiederholungen sind wir in der Lage, zuverlässig und reflexhaft richtig zu reagieren, wenn die Situation es erfordert und keine Zeit zum Nachdenken bleibt. Jeder Autofahrer weiß, dass er geraume Zeit und viele Fahrstunden gebraucht hat, ehe er in einer Gefahrensituation »automatisch« die richtige Bewegung gemacht hat, um den Wagen abzubremsen oder herunterzuschalten. Bei diesem Lernvorgang des Autofahrens geht es nur um zwei relativ einfache Bewegungen: den Bremsvorgang mit dem rechten und das Kuppeln mit dem linken Fuß. Beim Golfen haben wir einige Bewegungen mehr zu lernen, die später automatisch ablaufen sollen. Wenn Sie am Anfang zu ungeduldig sind und zu viel wollen, werden Sie nicht nur durch eine Verlangsamung des Lernprozesses bestraft, sondern Sie blockieren Ihre Fortschritte und die Ausschöpfung Ihrer Möglichkeiten ganz erheblich.

# Geist und Körper

Wie am Anfang dieses Buches bereits gesagt, befasst sich eine ganze Reihe von Büchern mit der mentalen Seite des Golfspiels. In manchen dieser Bücher stehen sehr nützliche und hilfreiche Dinge, die sich mit der grundsätzlichen Problematik des mentalen Golfs befassen und dem unbefangenen und unbedarften Golfer viele Dinge aufzeigen, die fremd für ihn sind und ihm eine ganz neue Seite dieses faszinierenden Sports aufzeigen können. Dabei dürfen wir aber nicht vergessen, dass es noch eine dritte Dimension gibt, die physische. Auch wenn Golf nur die schönste Nebensache der Welt ist und ein Wochenend-Golfer eine andere Einstellung zu seinem Sport hat als ein Professional, so kann die physische Fitness trotzdem ein sehr wichtiger Faktor sein. Abgesehen von den körperlichen Voraussetzungen, die ein vierstündiger Fußmarsch erfordert, bleibt die Konzentration durch gute Fitness länger erhalten, und es gibt viele Golfer, die Ausdauertraining und richtige Ernährung mitverantwortlich für die Freude an ihrem Spiel machen. Nach einer 1998 erfolgten Untersuchung von Prof. Jeschke macht ein Golfer auf einer normalen Golfrunde auf einem Championship-Platz durchschnittlich 14.000 Schritte! Der Sauerstoffumsatz des Körpers ist entsprechend und der damit erzielte Trainingseffekt dürfte, zumindest für einen Menschen über fünfzig, eine gesundheitliche Wirkung haben, die kaum mit einer anderen Sportart zu übertreffen ist.

Wie wichtig der gesunde Geist für den gesunden Körper ist, dürfte jedem aufgeklärten Menschen klar sein. Es liegt auf der Hand, dass ein noch so williger Körper nichts vollbringen wird, wenn der Geist nicht gesund ist, und umgekehrt. Die Voraussetzung für einen gesunden Körper erreicht man hauptsächlich durch eine entsprechende geistige Einstellung und außerdem durch eine vernünftige Ernährung, die den Körper mit all den essentiellen Wirkstoffen versorgt, die er benötigt. Das Wissen über die Zusammenhänge von natürlichen, gesunden Lebensmitteln und guter Gesundheit ist vielen Menschen bekannt, aber die Marketinginstrumente unserer verführerischen Werbung scheinen stärker zu sein als alle Gesundheitsüberlegungen. Wer bewusst leben will und durch den Golfsport ein gesundes Fitnessinstrument gefunden hat, der den Besuch im Fitnessstudio überflüssig macht, wird auch den Weg zur richtigen Ernährung finden, denn man ist, was man isst.

## Kreativität

»In Golf you're either creating or you're dying« (im Golf bist du entweder kreativ oder du stirbst), sagt Fred Shoemaker, einer der besten mentalen Golflehrer der USA. Aber nicht nur dieser Golfpädagoge betont die Bedeutung der Erfindungsgabe.

Wäre es nicht langweilig, immer auf dem Fairway zu liegen? Die eigene Kreativität wäre nicht gefordert, denn für 100 Meter würde man die Pitching Wedge oder ein Eisen 9 nehmen, für 140 Meter ein Eisen 6 oder 5 und so weiter. Gut, auch ich wünsche mir oft genug, immer auf dem Fairway zu liegen und anschließend jeden zweiten Schlag aufs Grün zu befördern, weil ich dann als strahlender Sieger dastehen und den Silberpott nach Hause tragen würde. Aber tief in meinem Herzen weiß ich, dass ein solches Spiel sehr schnell eintönig würde, und deswegen freue ich mich auf die Herausforderung, wenn es zum Beispiel gilt, den Ball aus dem Rough mit einem gewollten Slice um den Baum herum zu schlagen. Wenn dies dann wirklich gelingt, ist die Freude am gelungenen kreativen Schlag fast ebenso groß wie nach einem Sieg des Turniers.

Sehen Sie Golf als eine aufregende und immer neue Aufgabe, die all Ihre Kreativität erfordert und Sie vor ständig neue Aufgaben stellt. Dieses Spiel ist deswegen so aufregend, weil wir nie sicher sein können, wohin der Ball fliegt und ob wir ihn überhaupt wiederfinden. Golf würde uns nicht so faszinieren, wenn wir das Spiel in kurzer Zeit beherrschen würden.

Es ist die Geisteshaltung, die den Unterschied macht, ob sich ein Golfer nach der Runde gut oder schlecht fühlt. Kein Mensch beherrscht dieses Spiel wirklich. Selbst ein Jack Nicklaus gewinnt in der einen Woche ein großes Turnier und scheitert in der darauffolgenden am Cut. Autogenes Golf ist ein Werkzeug, das Ihnen helfen soll, das Spiel auf eine ganz neue Weise zu sehen und Ihre Kreativität zu entwickeln. Anstatt permanent zu urteilen, was richtig und was falsch ist, wo und wie man seinen Schwung verbessern muss, lernt man die Kunst des Möglichen! Nachdem ich Golf über lange Jahre studiert und zu meiner Lebensaufgabe gemacht habe, bin ich mir über eines ganz sicher: Ob Sie besser oder schlechter spielen, ob Ihr Handicap hoch oder niedrig ist, es hat keinen wirklichen Einfluss auf Ihren Glückszustand und Ihr sonstiges Wohlbefinden. Halt! Stimmt das denn? Sind Sie nicht glücklich, wenn Sie vom Platz kommen und Ihr Handicap unterspielt haben? Sind Sie nicht im siebten Himmel, wenn Sie ein Birdie oder gar ein Eagle geschafft haben? Ganz gewiss sind Sie das, und ich spreche auch nicht von der kurzfristigen Hybris, die sich immer nach einem Erfolg einstellt. Vielmehr will ich sagen, dass nicht das einstellige Handicap und die hohe Qualität der Schläge die Grundlage für den Glückszustand sind. Die innere Einstellung entscheidet über die Qualität Ihrer Gefühle, und dies kann man lernen. Wenn Sie aus Zeitgründen nicht oft spielen und üben können und deswegen über einen langen Zeitraum Ihr Handicap nicht verbessern, so können Sie dennoch viel Freude haben, solange Sie aufhören, sich über Ihr hohes Handicap oder schlechtes Spiel zu beklagen. Ebenso wie ein Segler glücklich in seinem kleinen Boot sein kann, ohne den großen Yachten neidisch nachzublicken, können Sie mit dem glücklich sein, was Sie haben. Diese Art von Demut macht den Unterschied und muss verinnerlicht werden. Ein 28-Handicapper kann auf seinem Level ebenso kreativ sein wie der Scratch-Spieler. Ich gehe so weit zu behaupten, dass Sie durch Golf lernen können, Dinge neu zu sehen. Der Einfluss auf Ihr ganzes Leben wird erheblich sein, aber Voraussetzung ist, dass die mentale Seite dieses Spiels zumindest ebenso trainiert wird wie die technische.

Golf konfrontiert uns mit einem klassischen Paradoxon: Wir fühlen die Notwendigkeit, ein Spiel zu meistern, von dem wir doch gleichzeitig wissen, dass wir es physisch niemals beherrschen werden; es ist eine Kunstform der reinsten Art. Pablo Picasso hat einmal gesagt: »Kunst ist eine Lüge, die jemand erzählt, um die Wahrheit mitzuteilen.« Hier besteht durchaus eine Analogie zum Golf. Für jemand, der diesen Sport wirklich liebt, ist Golf die »Lüge«, der er sich ausliefert, um sich dem Mysterium des Unerreichbaren zu nähern. Nur über unsere Kreativität können wir versuchen, dieses Paradoxon als eine wirkliche Form unseres Seins zu akzeptieren. Ich weiß, dass dieser Satz eher verwirrend wirkt, aber die Lösung eines Zen-Rätsels, mit dem ich das oben genannte Paradoxon vergleichen möchte, geschieht niemals über den Verstand und die Logik. Wir sind so sehr gewohnt, alles und jedes über unsere Logik zu begreifen, dass wir in bestimmten, paradoxen Situationen mit dieser Logik zum Scheitern verurteilt sind. Wir müssen ein solches Paradoxon annehmen, ohne es wirklich zu begreifen: als eine Art Wirklichkeit, die jenseits unseres Begriffsvermögens liegt. Wenn wir derartig unbegreifbare Zusammenhänge zu akzeptieren lernen, verändert sich unsere Sicht so weit, dass wir nicht versuchen, Dinge zu ändern, die nicht änderbar sind. Der englische Poet John Keats hat es »negative Fähigkeit« (»capability«) genannt, das Talent nämlich, nicht zu versuchen, die Welt zu formen, sondern stattdessen der Welt zu erlauben, uns zu formen.

Ich liebe diesen Gedanken, weil er mir erlaubt, vorgefasste Meinungen und Urteile zu durchbrechen und zu neuen Einsichten zu gelangen. Wenn Ihnen das Gleiche gelingt, wird Ihnen das Rätsel Golf zu einer Quelle der Freude werden und die Zeit des ständigen Haderns hat ein Ende. Folgender Sinnspruch von Theresa von Avila ist mir zum Leitmotiv geworden: »Gott, gib mir die Kraft, die Dinge zu ändern, die ich ändern kann. Gib mir die Geduld, die Dinge zu ertragen, die ich nicht ändern kann, und gib mir die Weisheit, das eine vom andern zu unterscheiden.«

Michael Murphy, den ich bereits im Vorwort zitiert habe, schrieb über die Kreativität folgendes: »Alles Können beinhaltet ein gewisses Maß der Spontaneität und unbewusstes Funktionieren. Niemand kann Schönheit erschaffen, sei es bei einer künstlerischen Arbeit oder auf den ›Golfing links‹, solange er nicht beide Seiten seines Hirns diszipliniert unter Kontrolle gebracht hat (linke Hirnhälfte) und die Fähigkeit besitzt, dann loszulassen, wenn die andere (rechte [kreative]) Hirnhälfte einen Schimmer (›glimmer‹) der Erkenntnis zeigt. Jeder Schlag hat eine bewusste und eine unbewusste Komponente, eine willentliche und eine, die unwillentlich ist. Zu wissen, wie man die Balance zwischen diesen beiden findet, ist die Substanz golferischen Könnens. Die größten Meister, die den wundervollsten Schwung haben, überraschen uns mit den erstaunlichsten Dingen. Sie machen den einen unglaublichen Schlag aus einem Meer endloser Möglichkeiten (›contingencies‹)...«

# Perfektion

»Golf ist ein Spiel, das absolute Perfektion erfordert.« Diese Bemerkung hört man immer wieder, wenn die Rede auf unseren schönen Sport kommt. Nun, lassen Sie sich nicht verunsichern. Ein Mensch, der in dieser inperfekten Welt nach Perfektion trachtet, ähnelt der klassischen, tragischen Figur des Sisyphos, dessen Stein immer wieder den Berg hinabrollt, nachdem er ihn mühsam nach oben geschoben hat.

W. Somerset Maugham, der berühmte britische Schriftsteller, schreibt über die Perfektion: »Perfektion ist ein bisschen langweilig. Es ist nicht die geringste Ironie des Lebens, dass wir das, wonach wir alle streben, besser nie erreichen.« George Orwell sagt in seinen »Reflektionen über Gandhi:« Der Kern des eigentlich Menschlichen ist, dass man nicht nach Perfektion sucht...«

Wenn wir Golf als eine Metapher für das Leben verstehen, dann müssen wir uns beim Spiel beziehungsweise dem Ergebnis mit dem bescheiden, was uns an diesem Tag geschenkt wird. Das Ergebnis einer Golfrunde ist nicht nur vom Trainingsfleiß auf der Übungswiese abhängig. Wenn es so wäre, dass derjenige, der am meisten übt, auch das beste Ergebnis hat, dann müssten Spieler wie Bernhard Langer, Nick Faldo und Vijay Singh stets an der Spitze sein, denn deren Übungsintensität ist kaum noch zu übertreffen. Tatsächlich ist es beim Golf oft genug so, dass ein Spieler wie Fred Couples, der wesentlich weniger Übungsbälle schlägt als die Genannten und dafür, so darf man vermuten, mehr an seiner mentalen Struktur »arbeitet«, die besseren Voraussetzungen und größere geistige Stärke mitbringt, wenn es darum geht, mit den mentalen Belastungen eines großen Turniers fertig zu werden. Natürlich gewinnt man mit großem Trainingsfleiß mehr Selbstvertrauen und hat damit eine gute Voraussetzung für den angestrebten Erfolg, aber oft genug erreicht man auch mit übertriebenem Einsatz das Gegenteil vom Gewünschten.

Ich selbst gehöre zu den Trainings-Fleißigen, und ausdauerndes Üben macht mir viel Spaß, aber oft genug geschieht es, dass ich ein Eisen nach ein paar Schlägen aus der Hand lege, wenn ich das richtige Gefühl und die Schwungharmonie gefunden habe. Früher habe ich so lange Bälle in die Gegend gedroschen, bis sich durch die eintretende Müdigkeit ein Fehler einschlich, der später die Qualität des Spiels negativ beeinflusst hat. Auch hier gilt das Wort vom alten Paracelsus, demgemäß die Dosis das Gift ist. Jeder muss für sich selbst herausfinden, welches Trainingsformat für ihn am besten ist. Der Wunsch nach Perfektion ist zwar verständlich, aber eher hinderlich. Gewöhnen Sie sich an den Gedanken, nicht perfekt zu sein. Es macht das Leben und das Spiel leichter, weil die gewonnene Lockerheit durch diese Einstellung eine der wesentlichen Voraussetzungen für einen guten Golfschwung ist.

Die Qualität eines guten Golfers äußert sich dadurch, wie gut er mit seinen Fehlern umzugehen vermag. Ein erfolgreicher Golfer kennt seine Möglichkeiten und weiß auch, dass Fehler unvermeidbar sind. Wenn ein Golfer diesen einfachen Satz beherzigt und sein Spiel danach einrichtet, dann wird den schlechten Schlägen die Wirkung genommen, und die Chance, dass der nächste Schlag gelingt, verbessert sich erheblich. Ein Freund von mir hat sich das Vergessen des letzten Schlages so sehr angewöhnt, dass er sich nach dem Spiel kaum noch an die einzelnen Löcher erinnern kann. Seine Konzentration auf den Moment und das Kommende lassen das eben Erlebte verblassen, sofern es sich nicht um ein besonderes Ereignis, einen spektakulären Schlag oder Ähnliches gehandelt hat. Durch langjährige Angewohnheit und durch ständiges mentales Training kann man diesen Status des selektiven Gedächtnisses erreichen, was keinesfalls mit einem Nachlassen der Geistes- oder Gedächtniskraft zu verwechseln ist.

# Autogenes Training – Autogenes Golf

Zum besseren Verständnis der Wirksamkeit des Autogenen Trainings – und damit auch des Autogenen Golfs – vorab einige Anmerkungen aus der Wissenschaft. Autogenes Training ist nichts anderes als eine Form der Eigensuggestion beziehungsweise der Selbsthypnose. Wie lange das Wissen um die Funktion dieser Technik bereits bekannt ist und auch angewendet wird, möge der folgende kurze Abschnitt belegen.

## Hypnose

Über die Wirksamkeit der Hypnose noch ein Wort zu verlieren hieße Eulen nach Athen tragen. 1992 ließ die American Society of Medical Hypnosis (ASMH) den »Delphi Report« erarbeiten, der den Fortschritt von Wissenschaft und Technik auf dem Feld der Hypnose darstellen sollte. Das Ergebnis zeigt die weltweite Renaissance der Anwendung der Hypnosetechnik, die allein in den USA (prognostiziert) bis zum Jahr 2000 einen Anstieg von über 35 Prozent ausmachen wird.

Sehr starkes Interesse ist an einem Einsatz dieser Technik im Sport zu erkennen, wobei die Russen auf diesem Sektor als Wegbereiter gelten können. Die Prof. Sergej Petrowsky und Vladimir Raikov haben bereits in den siebziger Jahren in ausgiebigen Versuchsreihen die zweckvolle Anwendung der Hypnose auf dem nichtmedizinischen Sektor mit Studenten der Dritten Psychoneurologischen Klinik in Moskau dargestellt. 150 Gymnasiasten und 50 Studenten wurden drei bis vier Wochen lang täglich in den veränderten Bewusstseinszustand der Hypnose versetzt. Die Probanden entwickelten stark verbesserte Ergebnisse im künstlerischen Bereich, benötigten nur noch die halbe Lernzeit bei Sprachkursen und verbesserten sich erheblich im Schachspiel.

Auch die Japaner haben mit ihrem Human-Frontier-Science-Programm auf dem Hypnosesektor enorme Fortschritte erreicht. Ihre Hypnoseminare für Manager haben in der Finanz- und Geschäftswelt für Aufsehen und Anerkennung gesorgt und sind fester Bestandteil der Manager-Ausbildung in vielen großen Firmen in Japan geworden. In Osaka wurde erstmalig bekannt, dass die hemisphärische Erfassung des veränderten Bewusstseinszustandes in der Hypnose im EEG-Gehirnregionen-Kartenbild festgehalten werden kann. Hier wurde die Verschiebung der elektrischen Aktivitäten im Hypnosezustand von der linken zur rechten Gehirnhälfte bildlich beziehungsweise farblich gut sichtbar gemacht. Auf diesem Kongress in Japan gelang es, den veränderten Bewusstseinszustand unter Hypnose und das Hypnoseinstrument erstmals völlig ihrer Mystik zu entkleiden.

Hypnose ist ein wissenschaftlich überprüfbares Instrument des Arztes und Psychologen, dessen Wirksamkeit auf vielen Gebieten nicht mehr geleugnet werden kann. Es handelt sich um eine Therapie, die so alt ist wie die Menschheit. Schon in der ältesten Vorzeit haben die hypnotischen Phänomene die Menschen beschäftigt. Die Chinesen, Inder und Ägypter haben den Begriff des hypnotischen Zustandes gekannt und diese Technik angewendet. Durch die Keilschrift ist überliefert, dass sich die Akkader (3000 v. Chr.), eines der ältesten Kulturvölker am Euphrat in Mesopotamien, mit der Hypnose befassten. Sie hatten Ärzte, die den Heilschlaf praktizierten und die drei Stufen der Hypnose (leichte, mittlere und intensive) kannten. Ähnliche Kenntnisse hatten auch die Chaldäer, ein semitischer Nomadenstamm des südlichen Euphratgebietes, die die gleichen Praktiken wie die Akkader anwendeten.

Durch die moderne Medizin mit ihrer Versprechung schneller und schnellster Hilfe sind die uralten Methoden und Hilfsmittel unserer Vorfahren aus der Mode gekommen. Aber immer noch gibt es viele psychosomatische Krankheitsbilder, die mit einem Medikament zwar behandelt, aber nicht kuriert werden können. Im Sport und speziell für die vielen mit diesem Sport verbundenen Probleme ist die Hypnose und die Selbsthypnose (Autogenes Training) ein Hilfsinstrument, das in seiner nachhaltigen Wirksamkeit von keiner anderen Therapie übertroffen wird. Bei starken psychischen Blockaden wie dem Yips ist mir noch keine andere Therapieform untergekommen, die eine auch nur annähernd gute Erfolgsquote verzeichnen kann.

## Gehirnwellen

Bereits im letzten Jahrhundert wurde festgestellt, dass das Gehirn elektromagnetische Impulse unterschiedlicher Frequenz (1 Hz = eine Schwingung pro Sekunde) aussendet. Demgemäß sendet das Gehirn (Hirnrinde) unterschiedliche Impulse aus, je nach Art der Tätigkeit. Der physiologische Zustand des Tiefschlafs hat eine sehr verschiedene Frequenz von der des Wachzustands.

Die Registrierung elektrischer Gehirnwellen durch einen Elektroenzephalographen (EEG) ist eine Methode zur Messung elektrischer Gehirnströme, die uns eine objektive Aussage über die Aktivität unseres Gehirns gibt. Prof. C. Bick bedient sich dabei zur tieferen Erforschung der Fourieranalyse (so benannt nach dem französischen Mathematiker J. Fourier), bei der die Hirnströme über das EEG zu einem Rechner geleitet werden und dadurch die Entwicklung der einzelnen Spektren der Häufigkeitsverteilung von 1 bis 35 Hz und darüber deutlich sichtbar gemacht werden können. Auf diese Weise lassen sich spezifische bioelektrische Reizantworten finden, die im signifikanten Zusammenhang bestimmter Gemütszustände stehen. Durch diese Feedback-Reaktionen erkennt man – wenn man durch entsprechende Balkendiagramme die Hirnströme auf einem Monitor sichtbar macht – die Qualität (Tiefe) einer Hypnose beziehungsweise den Gemütszustand, der beispielsweise durch AT hervorgerufen werden kann. Die Einteilung sieht folgendermaßen aus:
• Deltawellen (0,5–4 Hz): Sie kommen ausschließlich in den tiefsten Schlafstadien vor, also im Stadium des erholsamen Tiefschlafs, in dem der Körper die beste Regeneration und auch Heilung erfährt.

- Thetawellen (4–8 Hz): Die Hirnrinde sendet sie bei leichtem Schlaf, Träumen, kreativem Bilderleben (hypnagoge Bilder), intuitiven Konzentrationsphasen, meditativer Entspannung und Ähnlichem.
- Alphawellen (8–13 Hz): Sie treten schon dann auf, wenn man die Augen schließt und sich entspannt zurücklehnt. Der »Alpha-Zustand« ist dann vollkommen erreicht, wenn man seine Gedanken auf einen einzigen, zur Entspannung beitragenden Punkt konzentriert und sich kurz vor dem Eintritt in den Schlaf (Theta) befindet. Man ist nicht mehr wach, aber schläft noch nicht.
- Betawellen (13–35 Hz): Sie assoziiert man mit dem Zustand völliger Wachheit, Nervosität, rationalem Denken, nicht abreißender Gedankenkette, Stress und so weiter..
- Gammawellen (35 Hz und darüber): Sie assoziiert man mit mystischen und transzendentalen Erfahrungen, mit vollkommener mentaler Klarheit und Wachheit.

## Erlernbare Gesundheit

Die Gesundheit der Seele ist die Seele der Gesundheit. Die seelische Gesundheit beginnt mit der inneren Einstellung zu anderen Menschen, zur familiären Umgebung, der Politik und so weiter. Wenn man positiv denkt, sieht man immer zuerst das Gute und begreift die Schwächen bei sich selbst und auch die anderer Menschen, ohne sie zu verurteilen. Man könnte auch sagen: »Seelische Gesundheit ist die Fähigkeit, mit sich und anderen auszukommen.« So lautet übrigens auch der Titel einer von der Bundeszentrale für gesundheitliche Aufklärung herausgegebenen Informationsschrift. Um seelische Gesundheit zu erlangen, bedarf es auch hier zunächst der Bewusstmachung der Zusammenhänge.

Ebenso wie man täglich für seine körperliche Hygiene sorgt, sollte man auch Psychohygiene betreiben. Dabei geht es darum, ein paar grundsätzliche Gedanken immer wieder zu wiederholen, bis sie zum eigenen, psychohygienischen Werkzeug gehören, ohne das man nicht mehr auskommen kann. Das wichtigste Zeichen für gute Psychohygiene ist die innere Harmonie. Jeder bewusst lebende Mensch wird eine harmonische Person erkennen und, sofern er selbst noch nicht so weit ist, gar beneiden. Jeder geht gerne mit einer harmonischen Persönlichkeit um, denn sie strahlt etwas aus, das authentisch ist und nicht gespielt werden kann. Selbst der beste Schauspieler könnte eine harmonische Person nicht darstellen, wenn er diese Harmonie nicht selbst fühlte. Harmonie bedeutet auch immer innere Kraft. So lässt sich ein harmonischer Mensch nur selten provozieren und aus der Ruhe bringen. Ein labiler Mensch ist rasch zu erkennen, weil er schnell sein Gleichgewicht verliert und oft aggressiv wird, um damit seine Schwäche zu überspielen. Die lautesten Schreier zeigen gerade durch ihre Lautstärke ihre innere Schwäche; sie schreien aus Angst und fühlen sich angegriffen, weil sie kein Selbstvertrauen haben.

Beim Golf wird dies besonders eindrucksvoll deutlich. Bei keinem anderen Sport kann man einen Menschen so schnell durchschauen wie bei diesem Spiel. Wer in sich ruht und Harmonie ausstrahlt, wird nicht fluchen, mit sich (oder den äußeren Umständen) hadern oder gar den Schläger werfen. Man kann durch Golf zur Harmonie finden, weil man beim Golf auch immer in den Spiegel schaut und sich selbst erkennen kann. Dieser Anblick mag einen manchmal erschrecken, aber er ist hilfreich, weil man durch die gewonnene Erkenntnis sich seiner Schwächen bewusst wird und sie bekämpfen kann. Man gelangt zur inneren Ruhe und Ausgeglichenheit, wenn man die kurzen Lichtblicke der Selbsterkenntnis aufmerksam aufnimmt und daraus zu lernen bereit ist.

Wenn man sein Handicap im Golf verbessern will, kommt man nicht umhin, die gemachten Erkenntnisse umzusetzen, um dadurch seine mentale Stärke zu verbessern. Auf diesem Weg erreicht man schneller und sicherer ein besseres Spiel (und innere Harmonie) als mit langen Stunden auf der Driving Range. Nur Unbelehrbare und Dummköpfe glauben, dass sie ihr Spiel lediglich mit mehr Training auf der Übungswiese verbessern können und mit mehr gewonnenen Pokalen auch zum interessanteren und bewunderten Menschen werden. Es ist nicht ausgeschlossen, dass man mit viel Talent auch mit einem unausgeglichenen Charakter ein erfolgreicher Golfer werden kann – es gibt einige, wenige Beispiele dafür –, aber man muss sie als Ausnahmen betrachten. Ebenso wird es immer ein paar Golfer geben, die mit unlauteren Mitteln ihr Ergebnis zu verbessern suchen und für den Erfolg auch ihren Ruf und ihren Seelenfrieden aufs Spiel setzen.

## Autogenes Training und die Zen-Philosophie

Wenn jemand wirklich aus tiefstem Herzen wünscht, ein Meister in einer bestimmten Disziplin zu werden und diese zur Kunst zu erheben, reicht technisches Können allein nicht aus. Die Technik muss transzendiert, das heißt, die Grenzen des Bewusstseins müssen überschritten werden, so dass die Kunst zu einer »kunstlosen Kunst« wird, die aus dem Unterbewusstsein entsteht. Denkt man an das Zen-Bogenschießen, so verschmelzen hier zwei gegensätzliche Objekte – nämlich Schütze und Bogen – zu einer Einheit. Der Bogenschütze hört auf, sich bewusst wahrzunehmen als derjenige, der dabei ist, mit dem Pfeil ein Ziel zu treffen. Dieses Stadium der Unbewusstheit kann er nur realisieren, wenn er vollständig von seinem Selbst losgelassen hat und ganz leer ist. Er wird eins mit der Perfektionierung seiner technischen Fertigkeiten, wobei er diese Einheit mit verstärktem Training allein nicht erreichen kann.

Dies beschreibt mit wenigen Worten den Sinn der Zen-Philosophie und ist, wie vieles im Zen, dem oberflächlich und vordergründig orientierten Geist nicht leicht zugänglich. Nur soviel sollte verstanden werden: Je mehr man mit dem Willen arbeitet und sich bewusst anstrengt, desto mehr entfernt man sich von dem angestrebten Ziel, wenn man vergisst, seinen Geist zu konditionieren.

Golf ist durchaus mit der Kunst des Zen-Bogenschießens zu vergleichen. Wenn man also seinen Sport ernst nimmt, sollte man diesen Gedanken des Transzendierens aufnehmen und umsetzen. Die jahrhundertealte Tradition des Zen hat uns Wege gezeigt, auf denen Vervollkommnung (nicht Perfektion!) erreichbar ist. Verinnerlicht man erst einmal die tiefe Weisheit dieser Lehre, bleiben einem Mühe und Umwege beim Vervollkommnen des Golfspiels sicherlich erspart.

Wohl nur wenigen Menschen der westlichen Hemisphäre ist es gegeben, in die Tiefen der östlichen Zen-Tradition einzutauchen und sich gründlich damit auseinanderzusetzen. Das von Prof. J. H. Schultz entwickelte Autogene Training zeigt einen Mittelweg auf, der auch dem gestressten Menschen des Westens helfen und ohne große Änderung des Lebensrhythmus in den täglichen Stundenplan eingebaut werden kann. Die Grundzüge des Autogenen Golfs sind die gleichen wie beim Autogenen Training, das von Prof. Schultz 1920 erstmals in seiner Schrift »Schichtenbildung im hypnotischen Seelenleben« beschrieben und später immer weiter entwickelt worden ist. Mit Hilfe dieser Methode lassen sich bestimmte Verhaltensweisen korrigieren, die zu mehr oder minder schweren Neurosen führen können.

Schultz hatte wohl kaum den Sportler oder gar einen Golfer im Sinn, als er die Grundregeln seiner mentalen Regeln niederschrieb. Aber schon seit vielen Jahren wird Autogenes Training, kurz AT, mit sehr großem Erfolg bei vielen Sportdisziplinen eingesetzt, wobei Golf sicher als die Sportart gilt, für die AT geradezu prädestiniert ist. Während meiner langjährigen Arbeit in den USA mit Touring-Pros der verschiedensten Könnensstufen konnte ich den sehr wirksamen Einfluss des AT bei der Überwindung mentaler Probleme erfahren. Diese Professionals sind aufgrund ihrer Berufswahl besonders motiviert und befolgen die vorgeschriebenen AT-Übungen entsprechend diszipliniert. Die dadurch erreichten Erfolge bei langjährigen Blockaden wie dem Yips stellen sich überraschend schnell und mit anhaltender Dauer ein.

Die Übungsdisziplin ist ein absolutes Muss für den Erfolg, denn Golf ist ein Sport, bei dem der Trainingsfleiß nur unter bestimmten Voraussetzungen honoriert wird. So gibt es viele Golfer, die trotz erheblichen Übungsaufwandes über lange Zeit ihr Spiel nicht verbessern konnten, weil wichtige mentale Erfordernisse nicht beachtet wurden. So kann Üben sogar kontraproduktiv sein, wenn man die falschen Dinge einübt, die eventuell hinterher wieder »verlernt« werden müssen. Hier finden wir auch den Grund, weshalb so viele Golfer einen unrhythmischen Schwung haben: Schlechte Angewohnheiten sind nur mit viel Mühe wieder loszuwerden (»old habits die hard!«). Das hat zur Folge, dass man versucht, eine (falsche) Bewegung durch eine andere (falsche) Bewegung zu kompensieren, was dann irgendwann wieder zu einer weiteren Kompensation führt, bis man das Gefühl für einen guten und rhythmischen Schwung völlig verloren hat und sich wundert, dass man sein Handicap nicht mehr verbessern kann und deswegen oft die Lust am Golf verliert.

Unser Oberbewusstsein ist erforderlich, damit wir den Willen für das notwendige Üben aufbringen. AT bedeutet zum einen die passive Konzentration auf die vegetativen Funktionen des Körpers. Unser vegetatives Nervensystem ist hauptsächlich für die vielen unbewussten Funktionen des Körpers zuständig. Diesen nicht unserem Willen unterworfenen Teil des Nervensystems nennen wir vegetativ. Die zweite, verändernde Kraft sind Gedanken, bildhafte Vorstellungen und Erinnerungen. Deshalb verwenden wir im AT Formeln, Bilder und die Wahrnehmung von Gefühlen, da das Unterbewusstsein keine Worte, sondern nur Vorstellungen akzeptiert. Aus diesem Grund ist es von eminenter Wichtigkeit, sich über die Zusammenhänge und Wirkungsweisen dieser Methode klar zu sein. Das ist auch der Grund, weshalb es so schwer oder sogar unmöglich ist, AT ohne guten Lehrer zu lernen.

Im Laufe meiner Arbeit und der daraus gewonnenen Erfahrungen habe ich das »Autogene Golf«, kurz AG, entwickelt, das sich mit den ganz speziellen Problemen des Golfers befasst. AT wirkt auf das vegetative Nervensystem. Dieses System arbeitet selbständig und reguliert viele Funktionen der inneren Organe, ja, es steht im engen Zusammenspiel mit unseren Vorstellungen und Gedanken. Das vegetative Nervensystem hat zwei Komponenten:

Während der antreibende Teil, der Sympathikus (das Wort kommt aus dem Griechischen und bedeutet »in Wechselwirkung stehen«), für Leistung, Wachheit und Aktivität zuständig ist, steht der zweite Teil, der Parasympathikus, für Entspannung, Ruhe und Gelassenheit. Wenngleich Gegenspieler, sind die beiden Systeme die Grundvoraussetzung für unser tägliches Leben und gehören zusammen. Sie sind wie das Yin und das Yang (das passive und das aktive Prinzip der dualistischen chinesischen Philosophie) und können nicht getrennt voneinander funktionieren. Je besser das Gleichgewicht zwischen den beiden Systemen gewahrt oder hergestellt wird, desto harmonischer wird der Mensch; jedes Extrem in eine Richtung zerstört die Harmonie des Körpers und führt zu Fehlfunktionen.

## Das Autogene Training von J. H. Schultz

Das Autogene Training nach Prof. J. H. Schultz ist eine methodisch aufgebaute, exakt gesteuerte Selbsthypnose, die sich von der ärztlichen Hypnose ableitet, und beruht auf der Erkenntnis, dass wir durch Bilder, verbunden mit einem Gefühl, unser Unterbewusstein beeinflussen können. Jede feste Vorstellung hat die Tendenz, sich zu verwirklichen, sagt Schultz. Der Schüler lernt, sich durch Autosuggestion in einen Entspannungszustand zu versetzen, indem er sich die Begleitgefühle der Entspannung, also Schwere und Wärme der Glieder, so lange einredet (suggeriert), bis er sie tatsächlich spürt.

Ebenso wie bei der Hypnose sollte die Anwendung beziehungsweise das AT nur von einem Arzt oder einem entsprechend ausgebildeten Psychologen durchgeführt werden, um sicherzustellen, dass die Herzübung ausgelassen wird, wenn beispielsweise eine Vorschädigung des Herzmuskels ein Gefahrenpotential bedeuten kann. AT ist eine starke Medizin, deren Anwendung in die Hände eines erfahrenen Therapeuten gehört, um durch entsprechende, individuelle Einstellung den optimalen Erfolg zu erreichen. Erst wenn die vorgeschriebenen Übungen erlernt worden sind, kann man das AT ohne Kontrolle des Trainers durchführen. Der Hauptvorteil des AT ist Unabhängigkeit (im Gegensatz zur Hypnose, die immer den Hypnotiseur voraussetzt), womit es zu jeder Zeit und an jedem Ort anwendbar wird, ohne dass die Anwesenheit eines Trainers erforderlich ist.

Mit dieser Methode ist eine differenzierte Beeinflussung vegetativer Vorgänge im Körper möglich, wodurch Fehlfunktionen des Körpers behoben werden, die das Gleichgewicht zwischen Sympathikus und Parasympathikus betreffen. Durch »formelhaften Vorsatz« (Autosuggestion) geschieht eine flache Hypnose mit gesenkter Bewusstseinslage (Hypnoid), die bei entsprechender Übung zu einer tiefen meditativen Konzentration führt. Bei den Übungen ist unbedingt darauf zu achten, jede Art von starrer Konzeption und zu methodische Übungsanweisungen zu vermeiden. Aus diesem Grund ist auch der Kauf von Hypnose-Tonkassetten nicht zu empfehlen und eher ein Zeichen von Dilettantismus, wenn der Verkäufer damit eine erfolgreiche Hypnose verspricht. Gerade beim AT wie auch bei der Hypnose ist der Gedankenaustausch zwischen Trainer und Schüler wichtig, um auf die individuellen Bedürfnisse des Lernenden einzugehen. Nur ein Guru oder Scharlatan wird diese Regel nicht beachten, um eine Abhängigkeit zu erreichen, die das Gegenteil dessen ist, was in einem guten Unterricht erreicht wird. AT ist keine »Schnellschuss-Methode«, sondern unterliegt lernpsychologischen Voraussetzungen, also einem schrittweisen Vorgehen, das in der Lage ist, auftauchende Hemmnisse zu erkennen und entsprechend zu verarbeiten.

Natürlich ist es möglich, in bestimmten Konzentrationsübungen über einen Tonträger eine gute Vorbereitung zu erreichen, aber hier sollte man wählerisch sein und Versprechungen sehr vorsichtig beurteilen. Um Lesern dieses Buches die Möglichkeit zu einer intensiven Einführung ins Autogene Golf zu bieten, ist zu einem späteren Zeitpunkt die Produktion einer CD mit rhythmischer Musik geplant, die auf den Golfschwung abgestimmt ist. Auf dieser CD werden auch die Vorstufen der Hypnose beziehungsweise des AT anhand suggestiver Formeln vorgestellt, damit der Schüler einen tieferen Eindruck erfährt, als dies über ein gedrucktes Medium möglich ist. Diese Art der Einführung kann aber nicht die praktische Arbeit des Therapeuten ersetzen, die vor allem im Fall größerer Blockaden absolut notwendig ist. In dieser Verbindung ist auch ein Video geplant, das sich ausschließlich auf die rein visuelle Darstellung des Schwungs in all seinen Facetten beschränkt, damit die bildhafte Vorstellung eines guten Golf-schwungs einprägbar wird. In Verbindung mit Buch und CD lässt sich viel über das Autogene Golf lernen (nicht aber das AT), auch wenn man – aus zeitlichen oder finanziellen Gründen – nicht an einem praktischen Kurs teilnehmen kann.

## Der Sinn und das richtige Lernen des Autogenen Trainings

Wie bei allen Dingen, die man erreichen möchte, ist auch hier der Glaube an den Erfolg einer Methode vielleicht die wichtigste Voraussetzung. Dabei geht es nicht darum, an eine »Medizin« zu glauben oder an den Trainer, sondern an die Wirksamkeit des Autogenen Trainings und Autogenen Golfs.

Wie wichtig der Glaube an eine Sache ist, hat Gustave LeBon in seiner »Psychologie der Massen« beschrieben: »Dem Menschen einen Glauben schenken heißt seine Kraft verzehnfachen.« Aus der Medizin kennen wir die Wirkung der Placebos, also eines Medikamentes, das keines ist und nur aus unwirksamen, harmlosen Substanzen besteht. Es sieht aus wie eine wirksame Medizin, und der Glaube daran lässt den Körper entsprechend positiv reagieren. Bis zu 60 Prozent autosuggestiver Wirkung konnte bei der Einnahme von Placebos festgestellt werden, am häufigsten bei Kopfschmerzen.

Der Wille – man könnte es auch die Kraft des Verstandes nennen –, also der Impuls, der aus der linken Hirnhemisphäre stammt, ist eher hinderlich beim Erlernen des AT. Ich habe die Erfahrung gemacht, dass Frauen, deren rechte Hirnhemisphäre offensichtlich häufiger in Anspruch genommen wird, sich mit dem Erlernen des AT leichter tun. Wer loslassen kann, wer im Hier und Jetzt lebt, meistert das AT fast immer ohne Probleme. »Wer loslässt, hat beide Hände frei.«

Jede bewusste Anstrengung behindert den Erfolg. Man spricht hier vom »Prinzip der paradoxen Intention«. Durch eine bewusste Anstrengung werden entgegengesetzte Impulse geweckt, die ein wirkliches Loslassen verhindern. Wer erlebt hat, wie schwer es ist einzuschlafen, gerade wenn man sich das bewusst vornimmt, der hat eine Vorstellung von den Schwierigkeiten, die uns das allzu wache Bewusstsein verursacht und wo der Wille seine Grenzen hat. Krampfhaftes Wollen und Ängstlichkeit hemmen das Abgleiten in die passive Konzentration des AT. Wer aber loslassen und sich dem Augenblick hingeben kann, wird die Kunst der Selbstbeeinflussung ohne Schwierigkeiten meistern. Wem das Loslassen ein Problem bereitet, dem empfehle ich zunächst und für einige Zeit die »Progressive Relaxation« nach Jacobson, so wie ich sie auch in meinen Kursen mit gutem Erfolg anwende. Durch die Anspannung der Muskeln, ihr abruptes Lösen und ein intensives Nachfühlen kommt es zur körperlichen und seelischen Entspannung. Dadurch schafft man die optimale Voraussetzung für die nachfolgenden AT-Übungen und es ist ein guter Weg, um mit seinem Körper zu kommunizieren. Das ist deswegen wichtig, weil die meisten Menschen heutzutage ohne eine Verbindung zu ihrer eigenen Lebensmitte leben.

Wie weit die Kräfte reichen, die der Mensch durch die bewusste Beeinflussung seines Unterbewusstseins auslöst, ist für die meisten unbegreiflich. Es gibt hierüber genügend Literatur; empfehlenswert ist das Buch »Überleben im Stress« von Dr. Hannes Lindemann. Dank AT hat der Autor es als einziger Mensch (von über hundert) geschafft, in einem serienmäßigen Faltboot den Atlantik zu überqueren. Das bedeutet: 72 Tage nur von Salzwasser umgeben, mehrfach gekentert, Schlafmangel, Kurs halten. Dies ist ein extremes Beispiel und gehört zur AT-Oberstufe; aber es zeigt, zu welchen Leistungen der Mensch fähig ist, wenn er die richtigen mentalen Voraussetzungen schafft.

Um die richtigen Voraussetzungen beim AT zu schaffen, muss zwischen Trainer und Student die richtige Kommunikationsform gefunden werden. Die Schwierigkeit beim Vermitteln von AT ist das Problem der Assoziation, da sich jeder Mensch bei der Nennung eines bestimmten Begriffes etwas anderes vorstellt. Die Amerikaner Richard Bandler und John Grindler haben zum Zweck der Begriffsbestimmung die sog. neurolinguistische Programmierung, kurz NLP, entwickelt, die das Problem falscher Assoziation von vornherein ausschließt. Auch wenn wir die gleiche Sprache sprechen, so wird doch jedes Wort in die eigene, sehr individuelle Sprache übersetzt. Diese persönliche Sprache wird geprägt durch die Erfahrungen, die im Gehirn als Bild, Gefühl, Geschmack, Geruch oder Klang gespeichert sind. Bei dem Wort »Hund« zum Beispiel hat der eine vielleicht die Vorstellung des eigenen Hundes und dessen seidiges Fell oder Geruch, während ein anderer damit vielleicht die Vorstellung eines bösartigen Tieres verbindet, weil er einmal von einem Hund gebissen wurde. Zu jeder Erfahrung gehört somit mindestens eine Repräsentation. Es gibt insgesamt fünf verschiedene Repräsentationssysteme:

1. Visuell für das Sehen.
2. Auditiv für das Hören.
3. Kinästhetisch für das Fühlen.
4. Riechen und
5. Schmecken für das olfaktorische System.

Die Erfahrung zeigt, dass in der Vorstellung auf Geruch und Geschmack nur selten Bezug genommen wird. Jeder Mensch stützt sich auf sein bevorzugtes Repräsentationssystem, so zum Beispiel in der Sprache: »Das stinkt mir! Das schmeckt mir nicht! Das sieht gut aus!« und so weiter. So baut jeder Mensch sein eigenes, bevorzugtes System auf, in dem er sich gut auskennt und mit dem er gut differenzieren kann. Diese Zusammenhänge zu wissen ist die Voraussetzung für ein Gelingen des AT! Es passiert oft genug, dass der eine oder andere keinen Zugang zum AT bekommt, weil er oder der Lehrer nichts oder zu wenig über NLP und deren Repräsentationssysteme weiß. Der beste Lehrsatz nützt nichts, wenn Lehrer und Schüler bei bestimmten Worten nicht die gleiche Vorstellung haben.

Die meisten Menschen benutzen mindestens zwei Systeme, eines für schwierige und ein anderes für angenehme Situationen. Beim AT kommt es darauf an, das System für die angenehmen Situationen anzuzapfen. Bevor man also damit beginnen kann, am Schluss der Übungen den »formelhaften Vorsatz« einzubauen (das ist der Hauptzweck des AT, der es ermöglicht, das Unterbewusstsein zu beeinflussen), müssen sich Trainer und Student über das gemeinsame, übereinstimmende System der richtigen Übertragungen einig sein. Kommunikationsprobleme entstehen immer dann, wenn man voraussetzt, dass alle Menschen bei bestimmten Begriffen das Gleiche empfinden. Man ist überzeugt, dass es nur die eigene Art des Denkens gibt, und dass alle anderen sich genauso verhalten. So haben Trainer und Student wahrscheinlich eine verschiedene Vorstellung von Entspannung und müssen diesen Begriff erst einmal einvernehmlich definieren, ehe sie zum nächsten Schritt übergehen. Das hört sich jetzt vielleicht komplizierter an, als es dann in der Praxis ist. Aber es ist sehr wichtig, gleich am Anfang den richtigen Weg zu gehen.

Unseren Willen (Oberbewusstsein) benötigen wir, um uns die Zeit zum Üben zu nehmen und die technischen Einzelheiten des Schwungs zu begreifen. Gleichzeitig aber ist unser Oberbewusstsein das größte Hindernis für gutes Golf, weil es sich ständig einmischt und dem Unterbewusstsein widersprechende Befehle erteilt, beispielsweise wenn es beim Schwung die Gefahr einer falschen Bewegung ahnt. Die durch diese ständige Einmischung erfolgende erhöhte Spannung der Muskulatur führt zur Verkrampfung und löst gerade dadurch den Fehler aus, den das Bewusstsein zu verhindern suchte. Diese ständigen Störmeldungen sind der Hauptgrund, weshalb wir solche Schwierigkeiten mit der Konzentration haben. Unser Geist – also Wille und Verstand – ist in ständiger Bewegung. Ohne unser Unterbewusstsein, das die automatischen Handlungen steuert, wäre es uns unmöglich, unsere Aufmerksamkeit für längere Zeit auf einen bestimmten Punkt zu lenken.

An anderer Stelle habe ich über die Wichtigkeit der Konzentration gesprochen. Je besser unsere Konzentrationsfähigkeit ist, desto größer wird unser Selbstvertrauen; diese beiden Eigenschaften bedingen einander. Konzentration ist durch Autogenes Training (die Fähigkeit, sich selbst zu hypnotisieren) erheblich verbesserbar. Der Golfexperte kann in seiner Konzentrationsfähigkeit ebenso schwanken wie der Golfanfänger, wenn er seinem Verstand auf der Golfrunde erlaubt, sich ständig einzumischen: »Nur nicht auf die linke Seite spielen, da ist Out-of-bounds. Rechts gibt's auch Probleme, da ist der Bach.« Durch derartige Einflüsterungen irritiert man sein Unterbewusstsein und sendet die falschen Signale. Das Denken sollte man ausschließlich auf die Übungswiese beschränken und auf der Runde sich auf das verlassen, was man gelernt und in sein Unterbewusstsein einprogrammiert hat.

Unser Unterbewusstsein hat keine Urteilskraft und kann keine eigenen Entscheidungen treffen. Wenn Sie zum Beispiel einen Geländelauf machen und Sie kommen an einen Graben, dann wird Ihr Oberbewusstsein die Breite und Tiefe abschätzen und die Weite des Sprungs kalkulieren. Beim nächsten Mal hat Ihr Unterbewusstsein bereits die Daten gespeichert und Sie werden ohne weiteres Überlegen über den Graben springen, da Ihr Unterbewusstsein die Daten für den Sprung automatisch liefert. Es ist das Oberbewusstsein, das uns allen anderen Lebewesen überlegen macht. Alle Lebewesen außer dem Menschen werden ausschließlich durch ihren Instinkt gesteuert. Auch ein gut trainierter Hund folgt nur seiner Konditionierung, der Furcht, dem Hunger oder dem Verlangen nach Sicherheit. Allein der Mensch vermag seine Handlungen durch den Verstand und die Logik zu kontrollieren und zu steuern. Wichtig dabei ist, den Unterschied zu begreifen und unserem Verstand nur die Dinge entscheiden zu lassen, für die er zuständig ist. Alle Handlungen, die automatisch ablaufen sollen, dürfen wir nicht unserem Oberbewusstsein überlassen.

Unser Unterbewusstsein hat auch kein Filtersystem. Es akzeptiert alle vom Oberbewusstsein kommenden Erfahrungen als Wahrheit und speichert sie entsprechend. Es kann keine der gemachten Erfahrungen selbständig ändern. Wenn Sie in ein scharfes Messer greifen, dann wissen Sie aus Erfahrung, dass Sie sich dabei schmerzhaft verletzen können. Aber unter Hypnose würde Ihr Unterbewusstsein eine falsche Nachricht als richtig einordnen; so würde zum Beispiel eine Münze, die mit der Angabe, sie sei heiß, auf Ihre Hand gelegt wird, eine Brandblase verursachen, weil kein Erfahrungswert aus dem hier umgangenen Oberbewusstseins die falsche Meldung entsprechend verifizieren kann. Umgekehrt geschähe das Gleiche, wenn man Ihnen unter Hypnose eine brennende Zigarette auf die Hand drücken und dabei Schmerzlosigkeit suggerieren würde. Sie empfänden keinen Schmerz, weil durch die Hypnose die logische Kontrolle des Oberbewusstseins ausgeschaltet wird.

Wenn Sie sich durch AT suggerieren, dass Sie ein guter Golfer sind, dann ist dies zweifellos wirksam, allerdings nur für bedingte Zeit. Ohne entsprechenden Lehrer und einer guten Technik werden Sie kein guter Golfer, denn das kontrollierende Oberbewusstsein würde durch Erkennen der falschen Bewegungen bald eine Änderung der ursprünglichen Suggestion bewirken. Wichtig ist also, zunächst die entsprechenden Voraussetzungen (Lehrer, gute Technik) zu schaffen und dann durch die Programmierung (Hypnotisierung) des Unterbewusstseins die verschiedenen Schwungelemente zu automatisieren. Golf Professionals schlagen den Ball mit einem automatisierten Schwung, das heißt, dass sie ihr Unterbewusstsein den Schlag ohne weiteres Nachdenken ausführen lassen, nachdem sie durch bewusstes Denken und Üben auf der Driving Range die richtigen Techniken für einen guten Golfschwung erlernt haben. Durch AT lernen Sie, bewusstes Denken (nach dem Üben und Lernen auf der Driving Range!) so weit auszuschalten, dass Sie bei der Konzentration auf Ihren Golfschwung nicht mehr durch störende Gedanken abgelenkt werden. Sie werden erst dann wirklich konzentriert und befreit spielen, wenn Sie die Bedeutung dieser Erkenntnis in die Tat umgesetzt haben.

Alle erfolgreichen Spieler versetzen sich in eine Art Selbsthypnose, die bewusst alle störenden Einflüsse ausschaltet und damit den konditionierten Reflexen erlaubt, die Bewegungen des Schlägers auszuführen. Wenn ein guter Golfer den Ball schlägt, dann ist seine Konzentration stark genug, um jeden Gedanken an Misslingen und Gefahr auszuschalten. Bevor er den Ball anspricht, stellt er sich hinter ihn und sieht vor seinem geistigen Auge den Flug des Balles und die Stelle, an der er auftreffen wird. Es ist diese bildhafte Vorstellung, welche die Muskulatur des Körpers steuert. Je mehr diese Art der Vorbereitung auf den Schlag geübt wird, desto öfter gelingt der Schlag in der vorgestellten Form.

Ein anderes Beispiel über die Wirksamkeit der konditionierten Reflexe ist das Lernen des Schreibens auf der Schreibmaschinen- oder PC-Tastatur. Am Anfang lernt man nur mit Schwierigkeiten, wo die einzelnen Buchstaben sitzen, und man muss sich immer wieder vergewissern. Die Schreibgeschwindigkeit ist entsprechend gering, und erst mit zunehmender Übung und je besser die einzelnen Buchstaben den einzelnen Fingern zugeordnet und im Unterbewusstsein abgespeichert werden, geschieht das Schreiben auf der Tastatur automatisch, ohne dass man die einzelnen Bewegungen der Finger mit dem Oberbewusstsein kontrollieren muss.

Am Anfang jeden Lernprozesses ist man sich schmerzhaft jeder falschen Bewegung bewusst. Erst wenn man mit fortschreitendem Können dem Unterbewusstsein erlaubt, die automatischen Funktionen zu übernehmen, stellt sich das entsprechende Selbstvertrauen ein. Je nach Größe der Aufgabe und der zu überwindenden Schwierigkeiten dauert es lange, bis man eine neue Gewohnheit automatisch durchführt. Denken Sie daran, wie lange Sie gebraucht haben, ehe Sie schreiben und lesen konnten. Das Können und die Konditionierung kommen von der ständigen Wiederholung. Die beste Anweisung Ihres Pros nützt Ihnen nicht viel, wenn Sie nicht bereit sind, diese Anweisung so lange zu üben, bis sie zum konditionierten Reflex wird.

Vor allem denken Sie an eines: Je mehr Sie wissen und je intensiver Sie versuchen, etwas über Ihren Willen zu erreichen, desto schlechter werden Sie. Mit Hilfe des AT lernen Sie loszulassen und den Willen partiell auszuschalten. Nur wenn Sie den Zusammenhang zwischen Ober- und Unterbewusstsein begreifen, wenn

Sie akzeptieren, dass Ihr Wille (Verstand) beim Golf Ihr größter Feind ist, haben Sie die Voraussetzung für gutes Golf geschaffen. Wenn Sie über den Platz gehen und immer nur daran denken, was Sie beim Rückschwung mit dem linken Arm machen müssen und zu wie viel Prozent sich Ihr Gewicht beim Durchschwung auf den linken Fuß verlagert, werden Sie niemals ein guter Golfer. Die Mechanismen eines guten Schwungs lernen Sie auf der Übungswiese, bis Sie sie im Schlaf beherrschen. Denken Sie während des Spiels nicht an den Score, sondern freuen Sie sich an dem, was Ihnen in diesem Moment geboten wird. Haben Sie Selbstvertrauen, denn Sie haben alle Voraussetzungen für gutes Golf erfüllt, und die Schönheit des Platzes (und hoffentlich des Wetters) wird Ihnen die Freude verschaffen, die Sie sich verdient haben.

Der Unterschied zwischen einem guten und einem schlechten Golfer ist die mentale Annäherung an den Schwung und das Spiel. Der gute Spieler weiß nicht nur, was er denken muss, sondern er weiß auch, welche Gedanken zu welcher Zeit einzusetzen sind, um sein Spiel effektiv zu machen. Der schlechte Spieler ist zu jeder Art von Konzentration unfähig, kann nicht loslassen und ist zu angespannt, weil er seinem Verstand und Willen mehr vertraut als seinem – trainierten – Instinkt. Er weiß alles über Golf und ist nicht in der Lage, das Wissen in einen automatisierten Golfschwung umzusetzen. Er gleicht einem Menschen, der einen neuen Videorekorder gekauft hat und nun vor dem Rätsel steht, wie er diesen in Gang setzen kann. Er hat alle Teile des Apparats, eine Steckdose für den notwendigen Strom und einen Fernseher sowie genügend Videobänder, aber er ist nicht in der Lage, das Gerät zu bedienen, weil ihm die Gebrauchsanleitung fehlt. Auf Golf bezogen ist AT die Gebrauchsanleitung für die mentale Seite dieses Sports, wodurch man in der Lage ist, den Zugang zum Unterbewusstsein und den bedingten Reflexen zu öffnen.

Wer mit dem Willen und unter Einsatz seines Verstandes Golf spielt, wird dem Erfolg immer hinterherlaufen. Wer hingegen seinem Unterbewusstsein die Führung überlässt, hat den Zugang zum besseren Golf gefunden.

Im AT gibt es einen Merksatz, den ich hier wiedergeben möchte, weil die Wirkung auch ohne Autogenes Training eintritt:

*Wer im AT gelernt hat, sich zu lassen, der wird gelassen.*
*»Ich lasse mich los, um mich zu finden,*
*meinen tiefsten Kern.«*

## Imagination und formelhafter Vorsatz

Die Geschichten über die Stärke einer Einbildung, das heißt die Kraft der bildlichen Vorstellung, sind Legion. Weiter vorne erwähnte ich die Wirksamkeit der Placebos, die durch eben diese Imagination erfolgt. Das AT bedient sich dieser Wirksamkeit der Imagination und setzt die formelhafte Vorsatzbildung als Werkzeug ein. Was sind formelhafte Vorsätze? Von J. H. Schultz ist folgende bekannte Geschichte von dem Handwerker überliefert:

*Der Professor hatte dem Mann in der Hypnose suggeriert, er hätte ihm eine glühende Münze auf die Hand gelegt und dies würde eine Verbrennung hervorrufen. Nach ein paar Tagen kam der Handwerker wieder zu Schultz und berichtete, dass jeden Morgen an seiner Hand eine starke Rötung und eine schmerzlose Blase zu sehen sei, die im Laufe des Tages wieder verschwinden würde. Der Professor hatte vergessen, die Hypnose zurückzunehmen, was er schleunigst nachholte, und alsbald hatte der Handwerker keine Beschwerden mehr.*

Hier ging es um eine ziemlich unmotivierte Suggestion, und dennoch hatte sie eine sehr tiefgreifende Wirkung. Lässt sich also aus diesem Beispiel ableiten, dass eine motivierte, sinnvolle Hypnose eine noch weitaus stärkere Wirkung haben muss? Leider ist das nicht immer der Fall, aber durch die Motivation verstärkt sich die Übungsbereitschaft. Auf Golf bezogen können Sie also damit rechnen, dass ein bestimmter formelhafter Vorsatz seine Wirkung umso sicherer entfalten wird, je öfter und regelmäßiger Sie üben. Die bei Golfern häufigen Blockaden – Yips in allen Variationen, Angst vor dem ersten Abschlag, dem Schlag über den Teich am xsten Loch, Stress beim Turnier, Angst vor dem Gewinnen – lassen sich außerordentlich wirksam mit AT eliminieren.

Wie entstehen diese Blockaden, die nichts anderes sind als negative Gedanken, die sich wie ein Dieb in der Nacht in das Unterbewusstsein eingeschlichen und sich des Denkens bemächtigt haben, ohne dass man sich dessen bewusst geworden ist? Alles, was ins Unterbewusste gelangt, kann als Suggestion wirken und die eigenen Handlungen beeinflussen. Auch wenn der ursprüngliche Gedanke von außen gekommen ist (»pass auf das Wasser auf!«), handelt es sich immer um Selbstsuggestion. Das gilt gleichermaßen für die Hypnose. Was immer der Hypnotiseur sagt, vorausgesetzt es ist positiv und passt in den individuellen charakterlichen Rahmen, nimmt man als eigenes Wissen in sich auf. Wenn ich einem Klienten während der Hypnose sage, dass er nach der Sitzung sofort aus dem Zimmer gehen und sich die Hände waschen soll, dann wird er das auch tun. Fragt man ihn dann, weshalb er sich die Hände gewaschen habe, dann wird er einen triftigen Grund dafür finden und sich ganz sicher sein, es aus eigenem Impuls getan zu haben. Der Nobelpreisträger I. P. Pawlow hat die intensive Wirkung solcher Wortsuggestionen auf das Zustandekommen abgegrenzter Erregungen im Bereich einer im Tonus (normale Muskelspannung) herabgesetzten Hirnrindentätigkeit zurückgeführt. Es ist die wissenschaftliche Erklärung für einen Vorgang, der bis heute noch nicht endgültig und befriedigend erforscht worden ist.

Besagte Hirnrindentätigkeit können wir durch AT reduzieren. Mit anderen Worten, wir reduzieren die Aktivität unserer linken Hirnhemisphäre und erweitern die Tätigkeit der rechten Hemisphäre. Den gleichen Vorgang erleben wir bei der leichten Gruppenhypnose, die ich in meinen Kursen als Einstieg in das AT anwende und wodurch viele Teilnehmer einen schnelleren Zugang zu dem formelhaften Vorsatz beziehungsweise der posthypnotischen Suggestion finden. Der Nachteil der Hypnose ist die rasch entstehende Abhängigkeit vom Hypnotiseur. Jede Suggestion hat nur eine gewisse (von Fall zu Fall verschiedene) Dauer der Wirksamkeit und muss immer wieder erneuert werden. Beim AT ist man sein eigener Meister und kann jederzeit den »formelhaften Vorsatz« wiederholen oder verändern und damit so weit vertiefen und ins Unterbewusstsein integrieren, bis der Vorgang zur festen Gewohnheit wird und nicht mehr wiederholt werden muss.

## Autogenes Training als Hilfe zur Selbsthilfe

AT ist nicht nur eine Methode zur Selbsthilfe, sondern verstärkt die angeborenen positiven Attribute eines Menschen. Es ist eine Kraft, um sich selbst sowohl die positiven Eigenschaften wie die Unzulänglichkeiten seiner dunklen Seite einzugestehen. Die Methode lehrt Sie, die ineffektiven Seiten in sich zu erkennen, ohne sie in irgendeiner Form zu werten, und Sie lernen, davon bewusst loszulassen. Durch diese Art der Transformation und Erkenntnis bewegen Sie sich in die richtige Richtung und werden sich Ihrer enormen geistigen Kräfte bewusst, alles verändern zu können, sogar Krankheit und – zum Beispiel beim Golf – ein Mangel an Talent. Nicht nur die Kraft der Veränderung wächst Ihnen zu, sondern auch die Fähigkeit, vorbeugend Dinge so zu verändern, dass Sie die Folgen einer Virusinfektion oder Ähnlichem gar nicht mehr erreichen. Die wirkliche Stärke eines Menschen kommt immer aus dem Geist, niemals aus den Muskeln. Nur schwache Menschen greifen zur Drohung, zeigen Muskeln und Imponiergehabe. Ein sicherer und innerlich starker Mensch wird sich immer zurückhalten, ist sich seiner Kraft bewusst und voller Selbstvertrauen. Dieses Selbstvertrauen ist erlernbar und nur selten angeboren. Zu Beginn des Buches habe ich bereits über die Nachteile eines zu großen Egos gesprochen. Ein starker Mensch ist sich stets bewusst, wo seine Stärken liegen, und weiß, dass es ganz sicher nicht sein aufgeblähtes Ego ist; denn ein zu großes Ego lässt Schwäche erkennen und macht angreifbar.

Wir müssen uns darüber klar sein, dass die Arbeit an sich selbst, einmal angefangen, ein endloser Prozess ist und stets das sehr befriedigende Gefühl vermittelt, das maximal Mögliche für sich getan zu haben. Sehr bald stellen sich die ersten Erfolgserlebnisse ein und ermutigen zu einer Fortführung der Übungen.

In meiner langen Laufbahn als Psychologe habe ich viele Menschen erlebt, die sich durch eigene Hilfe aus Miseren ihres Lebens herausgearbeitet haben. Ich erinnere mich an einen Arzt, dessen Krankheit ihn scheinbar zu einem Leben in Blindheit verurteilt hatte. Er hatte auf einem Auge nur noch eine zehnprozentige und auf dem anderen Auge knapp 40 Prozent Sehfähigkeit, als er sich für einen meiner Kurse anmeldete (zu jener Zeit hatte ich noch keine Verbindung zum Golf und machte reines Autogenes Training für Klienten meiner Praxis für humanistische Psychologie). Eine Augenoperation stand in acht Wochen bevor, aber die Prognosen waren ziemlich entmutigend. Er war der festen Überzeugung, dass er in wenigen Monaten überhaupt nichts mehr sehen würde, und wollte sich mit Hilfe von AT auf die Zeit seiner Blindheit einstellen. Durch die selbsthypnotische Arbeit konnte er in wenigen Wochen von der negativen Einstellung zu dieser Operation so weit kuriert werden, dass er volles Vertrauen zu seinem Chirurgen gewann und damit die erste optimale Voraussetzung für seine Heilungschancen schuf. Er war der eifrigste Schüler unter all meinen Klienten, und drei Monate nach seiner Operation stand fest, dass er wieder eine fast volle Sehfähigkeit auf beiden Augen erreichen würde, nachdem eine zweite Operation ebenfalls erfolgreich überstanden war. Der behandelnde Arzt war von dem schnellen und durchschlagenden Erfolg sehr überrascht, da üblicherweise bei einer Operation dieser Art die Heilungschancen bestenfalls bei 50 Prozent liegen und die Heilung sich über lange Zeit erstreckt.

Es war die geistige Kraft und der tiefe Glaube an die helfende Operation, die den Erfolg in dieser überzeugenden Form ausmachte. Ich kenne eine Reihe ähnlicher Beispiele aus meiner Praxis und eines wird aus all diesen Fällen klar: Je nach individueller Voraussetzung ist es meist eine Kombination verschiedener Therapien, die schließlich zum Erfolg führt, und im Nachhinein ist es schwer zu beweisen, welche der Behandlungsweisen den Erfolg gebracht hat. Aber eines ist sicher: Die wichtigste Voraussetzung ist der tiefe Glaube – an Heilung und die Richtigkeit der einmal gewählten Therapie –, der nicht durch den leisesten Zweifel getrübt werden darf. Diesen Glauben erreicht man nur durch die »Programmierung« seines Unterbewusstseins, das die innere Überzeugung steuert. Dabei ist immer zu bedenken, dass meist – wie oben erwähnt – eine Kombination von Therapien wirkt. Das heißt: Wenn die eine Behandlung nicht anschlägt oder deren Wirkung nachlässt, haben Sie immer die Möglichkeit, einen alternativen Weg zu gehen. Nur die geistige Konstante bleibt gleich und sollte durch entsprechende AT-Übungen aufgefrischt und verstärkt werden.

Lassen Sie mich eine Geschichte erzählen, die die Kraft der Einbildung zu belegen vermag:

*Auf einem Verschiebebahnhof in Chicago hatten zwei Arbeiter einen Kühlwagen entladen und waren durch einen unglücklichen Zufall im Wagon eingeschlossen worden, ohne dass dies bemerkt worden war. Der Zug setzte sich in Bewegung und wurde erst wieder nach zwei Tagen in New York geöffnet. Man fand die beiden Arbeiter tot vor – sie waren an den Symptomen einer Erfrierung gestorben. Erstaunlich daran war nur der Umstand, dass die Kühlanlage, normalerweise auf minus 20°C eingestellt, gar nicht in Betrieb war. Da die beiden Männer aber der festen Meinung waren, dass die Tiefkühlung lief (es war nur ein Ventilator), waren sie bei normaler Zimmertemperatur erfroren.*

Wenn wir erfahren, welche Kräfte die Überzeugung auszulösen vermag, dann können wir uns das ungeheure Potential vorstellen, das uns durch AT auch für unseren Sport an die Hand gegeben wird. In den vorangehenden Kapiteln haben wir gelernt, dass die mentale Komponente im Golf dominiert und stärker ist als in allen anderen Sportarten. Es bedarf keiner großen körperlichen Anstrengungen und des Schlagens tausender Übungsbälle, um das notwendige Selbstvertrauen und die geistige Stärke zu erreichen. Ein paar Minuten des regelmäßigen, täglichen Autogenen Trainings ersetzt viele teure Pro-Stunden und endloses, ermüdendes Bälleschlagen auf der Driving Range. Es ist nur der Umstand, dass man nicht sofort (wie beim Schlagen eines Balles) den Effekt seiner Bemühungen sieht, weshalb so viele Menschen sich nicht dieser sehr starken »Medizin« bedienen. Die meisten wollen immer ein unmittelbares Ergebnis sehen, und diese Ungeduld und Gier nach sofortigem Erfolg ist das größte Hindernis auf dem Weg zum guten Golfer. AT wirkt nicht gleich, das heißt, nach einer Übungssitzung stehen Sie nicht auf, gehen auf die Driving Range und können sogleich umsetzen, was Sie Ihrem Unterbewusstsein mittels des »formelhaften Vorsatzes« einprogrammiert haben. Der begonnene Prozess ist ein unmerklicher und – manchmal – langsamer. Aber lassen Sie sich nicht entmutigen. Er wirkt! Ich kenne kaum Fälle, wo das AT versagt hat, es sei denn, dass es nicht in der vorgeschriebenen Form geübt wurde. Wenn Sie sich bewusst machen, wie oft Sie sich selbst negativ programmiert haben (»das kann ich nicht« oder »ich weiß, dass ich ein schlechter Putter bin« und so weiter), dann ist es nur vernünftig, auch an die ebenso starke, positive Wirkung (»ich kann es!« oder »ich putte gut, auch wenn es nicht immer gleich klappt«) zu glauben.

Eine bekannte Form suggestiven Trainings haben Sie vielleicht schon bei sich selbst erlebt: Nach dem Zuschauen bei einem Tennis- oder Golfturnier konnten Sie bei sich beobachten, für einige Zeit besser zu spielen. Grund hierfür ist die Beeinflussung nur durch das Sehen eines richtigen Schwungs – ein Ablauf, der nicht durch wortreiche Erklärungen zerredet wird (Aktivierung der linken Hirnhemisphäre). Da diese Eindrücke nur oberflächlich erlebt werden und im Zusammenhang mit dem Erlebnis des Wettbewerbs stehen, das unsere Konzentration auf andere Dinge lenkt, verlieren solche Impressionen schnell ihre Wirkung. Man kann sich jedoch vorstellen, dass bei einer regelmäßigen Imaginationsübung, verbunden mit den entsprechenden Trainings, die diese Vorstellungen ans Unterbewusstsein weiterleiten, der gewünschte Effekt erreicht wird.

Wir können alle unsere selbst gesteckten Ziele erreichen, wie hoch auch immer sie sein mögen, wenn wir ein paar einfache Grundregeln beachten und sie umsetzen. Akzeptieren Sie sich als das, was Sie sind: liebend und liebenswert, einzigartig, wenn auch mit Fehlern und schwachen Seiten. Dadurch, dass man sich mit allen negativen und positiven Seiten annimmt, macht man den ersten Schritt zur Überwindung seiner Schwächen und verwandelt sie in Stärken. Sicher haben Sie schon einmal erlebt, wie sich jemand ganz bewusst zu seiner Schwäche bekannt hat, zum Beispiel: »Ich kann den Ball halt nicht so lang schlagen, dafür übe ich mehr das kurze Spiel und weiß, dass ich dort ausgleichen kann.« Nicht nur, dass ein solcher Satz einen Menschen sympathischer werden lässt, er zeigt auch, wie eine Schwäche zur Stärke wird. Anstatt nach Ausreden zu suchen, den Schaft seines Drivers zu verlängern und endlose Stunden auf der Übungswiese (oder im Kraftraum) zu verbringen, konzentriert er sich auf das, was ihm mit Sicherheit mehr Erfolg bringen wird.

Niemand kann diesen Schritt der Selbsterkenntnis für uns machen, wenn wir auch andere Menschen brauchen, die uns den Weg zeigen und uns ihre helfende Hand reichen. Wir sind Wesen einer Gemeinschaft (»niemand ist eine Insel«, nennt es Hemingway) und bedürfen dieser Zuwendung von anderen, die auf dem beabsichtigten Weg schon ein Stück weiter sind und von denen wir lernen können, ohne das Rad immer wieder neu zu erfinden. Wichtig ist, die Balance zwischen Intuition und Erfahrung zu wahren. Dabei kann AT eine maßgeschneiderte Hilfe sein.

Es ist auch sehr wichtig, sich zu erinnern, dass man, ganz egal wie gut man sich im Moment fühlt, damit rechnen muss, dass dieses Hochgefühl nicht anhalten wird. Wir sind – mehr oder minder – Gefühlsschwankungen unterworfen, die wir als einen Teil des Lebens betrachten sollten. Alles um uns herum unterliegt einem Auf und Ab; mal scheint die Sonne, mal regnet es. Es ist allein unsere Einstellung zu solchen Dingen, die die Wichtigkeit ausmacht. Je mehr man sich bewusst auf diese Schwankungen einstellt und nicht damit rechnet, dass man heute genau so genial spielt wie gestern, desto ausgeglichener wird der Gemütszustand.

Damit schafft man die allererste Voraussetzung für eine gute innere Balance, die ja nur ein Spiegelbild des eigenen seelischen Zustandes ist.

Als Amateur erwartet niemand, dass wir immer wieder großartige Leistungen auf dem Platz vollbringen. Wir müssen vermeiden, uns zu stark zu fordern, und auch schon einmal Rücksicht auf uns selbst nehmen und »fünf gerade sein« lassen. Wenn man immer gleich verzweifelt oder verzagt, wenn man den Ball nicht optimal getroffen oder sein Handicap überspielt hat, setzt man sich zu sehr unter Druck und erreicht genau das Gegenteil dessen, was man sich eigentlich wünscht. Wie oft habe ich Senioren erlebt, die mit dem gleichen Anspruch an ihr Können gegolft haben, wie sie das vor zwanzig oder dreißig Jahren gewohnt waren. Man macht sich – nicht nur beim Golf – lächerlich, wenn man als älterer Mensch die Jugend kopieren und sein Alter verleugnen will. Wenn man sich auf das besinnt, was die Stärke des Alters ausmacht, nämlich Erfahrung, dann wirkt man unbeschwert und frei, ohne sich verrenken zu müssen.

So ist das kurze Spiel auch für einen Senior oder die Seniorin leicht zugänglich. Man benötigt keine Kraft und lange Schläger, die sich nicht bändigen lassen, sondern viel Gefühl und Übung. Wie oft konnte ich beobachten, dass ein gerissener Senior seinem jüngeren Partner den Schneid durch gutes Spiel rund ums Grün abgekauft hat! Wann übt ein junger Mensch schon Pitch und Putt? Für ihn ist es doch viel schöner und befriedigender, den Ball über den 200-Meter-Punkt zu dreschen, damit kann man imponieren. Also, lieber Über-fünfzig-Jähriger, trainieren Sie den Teil des Spiels, bei dem Sie selbst mit siebzig noch besser werden können: Gehen Sie aufs Grün und lassen Sie die jungen Burschen die langen Bälle schlagen; am Grün sind Sie dann der Meister. Schon zu Beginn dieses Buches habe ich gesagt: Gewonnen wird Golf mit dem kurzen Spiel!

Gerade für das kurze Spiel ist AT ideal geeignet, denn die erste Voraussetzung für den trickreichen Schlag mit dem Sandwedge über den Bunker ist sehr viel Selbstvertrauen, das nur zum Teil aus dem Üben dieser Schläge besteht. Es ist der Glaube an sich und das eigene Können, das den Unterschied macht und den Schlag gelingen lässt. Ohne diese Zuversicht können sich schnell Zweifel einschleichen, die den Schlag ruinieren. Und, anders als beispielsweise im Tennis, gibt es im Golf nur diesen einen Schlag; misslingt er, kann das schnell im Desaster enden, gibt es doch keinen zweiten Versuch. Dies ist auch der Grund, weshalb ich das Üben mit nur einem Ball empfehle, denn dabei wird die wirkliche Spielsituation trainiert: Misslingt der Pitch über den Bunker und rollt der Ball weit hinter das Loch oder gar über das Grün ins Rough, dann hilft es nur bedingt, zwanzig weitere Bälle über eben denselben Bunker zu schlagen, denn diese Situation entsteht nicht bei einem Turnier. Haben Sie mit nur einem Ball geübt, dann laufen Sie hinter dem Ball her und versuchen ihn mit dem Putter so ins Loch zu spielen, wie Sie das auch auf der Runde machen würden.

# Die erste Stufe
# des Autogenen Trainings

Üblicherweise untergliedern die meisten AT-Trainer in eine Unter- und Oberstufe. Von dieser Art der Einteilung halte ich deswegen nicht viel, weil damit eine Wertung verbunden ist. Die Einteilung in eine erste Stufe als Grund- und eine zweite als Aufbaustufe erscheint mir sinnvoller, da auch in der leicht erlernbaren ersten Stufe gute Erfolge erzielbar sind.
An anderer Stelle habe ich bereits gesagt, dass das AT nur schwer selbst erlernbar ist, von wenigen Ausnahmen abgesehen. Aus den verschiedensten Gründen lässt sich diese Methode in einer Gruppe leichter erlernen als im Einzelunterricht. Mit den nachfolgenden Ausführungen möchte ich die Neugier wecken, es einmal – vorsichtig – selbst auszuprobieren. Es wird nicht allzu lange dauern und die ersten Schwierigkeiten werden auftauchen; das liegt in der Natur des AT. So kann es zum Beispiel auf den Kreislauf und andere Funktionen des vegetativen Nervensystems bei un-

sachgemäßem Lernen derart negativ wirken, dass ein erfahrener Trainer oder Arzt bei dem Erlernen anwesend sein sollte. Auch Prof. Schultz hat dies immer wieder in allen Veröffentlichungen und Vorträgen betont. Manchmal eintretende Kopfschmerzen oder Kältegefühle lassen sich leicht abstellen, wenn man den richtigen Weg weiß. Im Übrigen sind Sorgen darüber, ob diese Methoden irgendwelche Schäden anrichten könnten, unbegründet, solange man sich in die Hände eines qualifizierten Psychologen oder erfahrenen Arztes begibt. Ich selbst habe in den langen Jahren, in denen ich mit AT gearbeitet habe, nie einen Schadenfall erlebt.

## Die richtigen Trainingsvoraussetzungen

Die Voraussetzungen für ein gutes AT sind optimale räumliche Bedingungen. Die Raum- und Zeitwahl ist ein wichtiger Faktor, denn das ungestörte Trainieren ist ebenso wichtig wie das Einhalten bestimmter Übungszeiten, die als festes Programm in den Tagesablauf integriert werden sollten, damit sie zu einem Teil des Lebensrhythmus werden. Es ist nicht damit getan, hin und wieder zu üben, sondern nur die Regelmäßigkeit führt zum dauerhaften Erfolg, wobei die Regelmäßigkeit wichtiger ist als die Häufigkeit.

Bei Beginn der AT-Übungen empfehle ich die liegende Haltung, da in dieser Lage eine entspannte Haltung am leichtesten zu erreichen ist. Die von vielen Volkshochschul-Kursen angewendete Sitzhaltung in meist unbequemen Stühlen oder Sesseln ist anfänglich zu vermeiden, da diese Haltung das erforderliche Loslassen und Entspannen aller Muskelgruppen eher behindert. Die beste Stellung ist eine behagliche Rückenlage, wobei der Kopf etwas erhöht gelagert werden sollte. Die Arme liegen locker neben dem Körper auf dem Boden (nicht auf dem Bauch). Bei Hohlrücken oder ähnlichen Beeinträchtigungen sollte ein Kissen oder Ähnliches unter die Knie gelegt werden. Die Füße zeigen bei voller Entspannung leicht nach außen; an steil nach oben gerichteten Füßen sind noch vorhandene Verspannungen erkennbar.

Falls diese Lage unangenehm ist, kann auch in der Seitenlage geübt werden.

Jede Art von Störung, auch Lärmbelästigung, ist zu vermeiden, wobei die Störung durch eine andere Person am unangenehmsten ist, weil man dann oft nicht in der richtigen Form »zurücknehmen« kann. Zu Hause sollte man ein Schild »Bitte nicht stören – AT-Training« an die Tür heften. Aus meiner Praxis weiß ich, dass in der Rückenlage eine Entspannung am leichtesten zu erfahren ist. Dabei kommt es vor, dass Frauen manchmal die Fußpitzen nach innen fallen lassen, um die Oberschenkel zu entlasten. AT-Trainierende, die ihre Einschlafhaltung üblicherweise in der Seitenlage einnehmen, stellen nach kurzer Zeit fest, dass die Rückenlage für das AT-Training besser ist. Natürlich ist die oben beschriebene Haltung kein Dogma, denn es gibt immer wieder Ausnahmen. Jemand, der sich in der Rückenlage ausgesprochen unwohl fühlt, sollte durchaus eine für ihn bequemere Haltung wählen und sich nicht sklavisch an die Rückenlage zu gewöhnen suchen. Ungeübte AT-Trainer erkennen oft nicht, dass eine andere Liege- oder gar Sitzstellung dem Schüler Erleichterung bringt und setzen schon durch eine solch kleine Unachtsamkeit den Keim für späteres Scheitern. Es sind oft diese kleinen Dinge, die den Erfolg oder Misserfolg eines Trainings ausmachen.

Die sitzende Haltung (Kutscherhaltung), bei der der Rücken gerade ist und die Hände locker auf den Oberschenkeln aufliegen, die Beine bequem und locker nebeneinander stehen, ist eine Haltung, die für den etwas Fortgeschrittenen einige Vorteile bringt, da sie fast überall angewendet werden kann, beispielsweise im Büro während der Mittagspause oder beim Warten in der Arztpraxis. Dabei sollte man vorher immer sicherstellen, dabei nicht gestört zu werden. Sollte man in seinem Training trotzdem unterbrochen werden, so ist darauf zu achten, dass vor einer Antwort auf den Störenfried eine rasche und konsequente Rücknahme durchgeführt wird. In jedem Fall sollte eine Störung immer positiv akzeptiert werden, ohne dabei einen inneren Missklang aufkommen zu lassen. Das ist einfacher, als man zunächst annimmt, wenn man sich vor der Übung (z.B. im Büro) darauf einstellt und damit rechnet. Auf jeden Fall muss man sich immer Zeit lassen, ehe man auf die Störung reagiert, damit die Zeit für die Rücknahme bleibt. Diese zusätzlichen, gelegentlichen Übungen, die aufgrund ihrer Zufälligkeit nichts mit dem regelmäßigen Trainingsprogramm zu tun haben, dienen zur Vertiefung des AT und Gewöhnung an das Üben in ungewohnter Umgebung. Einer meiner Klienten berichtete von einem Erlebnis, das ihn vor größerem Ungemach gerettet hat, als er beim Wintersport und bei minus 15 °C in einem ungeschützten Sessellift für über zwanzig Minuten festsaß, da der Motor der Liftanlage ausgefallen war:

*Schon nach ein paar Minuten der Bewegungslosigkeit konnte er bemerken, wie seine Zehen in den engen Skischuhen nicht mehr durchblutet und gefühllos wurden. Obendrein verstärkte der leichte Wind noch den Effekt der niedrigen Temperatur, und da dieser Mann schon öfter in allen möglichen Situationen sein AT-Training durchgeführt hatte, begann er in dieser Lage mit den entsprechenden Entspannungs- und Wärmeübungen. Wenige Minuten später konnte er fühlen, wie seine Finger- und Fußspitzen wieder warm wurden, und als sich der Lift nach endlosen zwanzig Minuten in Bewegung setzte, fühlte er sich beim Aussteigen warm und fit und konnte sofort abfahren, während die anderen Passagiere mit mühsamer Gymnastik ihre Muskeln und Glieder zu lockern und zu wärmen versuchten, wobei einige der Skifahrer leichte Erfrierungen erlitten hatten.*

Übung in der Kutscherhaltung: Der Schüler beugt im freien Sitzen die Lendenwirbelsäule, ohne dass die Brustwirbelsäule gekrümmt wird, sodass die Unterarme leicht und locker auf den Oberschenkeln oder der Armlehne ruhen. Die Fersen stehen fest und senkrecht unter den Knien, der Kopf ist tief nach vorne geneigt, bis der Kopf das Brustbein berührt, und der Unterkiefer hängt locker, ohne dass der Mund sich öffnet. Die Knie haben einen Abstand von vierzig Zentimetern voneinander und die Augenlider bleiben geschlossen, um äußere Reize zu minimieren und die innere Wachheit zu vergrößern.

Das Üben in verschiedenen Situationen ist nur dem Fortgeschrittenen zu empfehlen, da für den Anfänger die Ablenkungen zu mannigfaltig sind und unter Umständen zur Frustration und zum Abbruch des Trainings führen können. Der Anfänger sollte sich auf jeden Fall an einen festen Rhythmus gewöhnen, wobei sich erfahrungsgemäß die Zeit nach dem Aufwachen und die Minuten vor dem Einschlafen am besten eignet. Wenn Sie in der ersten Zeit abends einschlafen, bevor Sie alle Übungen durchlaufen haben, dann hat das keine Folgen. Die Rücknahme ist nicht notwendig, wenn die Übung vor dem Einschlafen erfolgt.

Machen Sie auf jeden Fall aus Ihren täglichen zwei Standardübungen ein Ritual, das Sie befolgen so wie das Zähneputzen. Dieses Erarbeiten eines zeitlichen Stereotyps im Tagesablauf ist lernpsychologisch gesehen eine der größten Hilfen für den Lernprozess des AT. Vermeiden Sie auf jeden Fall, mit vollem Magen zu trainieren, das Gleiche gilt für starke Hunger- oder Durstgefühle. Haben Sie sich zum Beispiel angewöhnt, dann zu trainieren, wenn Sie von der Arbeit nach Hause kommen, ist eine leichte Zwischenmahlzeit anzuraten (Banane oder dergleichen), um ein eventuelles Hungergefühl zu dämpfen. Wenn Sie erschöpft sind, sollten Sie sich erst konventionell entspannen (fernsehen, lesen oder einfach hinlegen), bevor Sie Ihr Training beginnen.

Nach einiger Zeit des AT-Trainings beanspruchen die Übungen nur noch wenige Minuten bevor Sie die sog. Alpha-Phase (Begriffsbestimmung siehe im Abschnitt «Gehirnwellen») erreichen. Dieser geringe Zeitaufwand lohnt sich immens und kann Ihr ganzes Leben positiv verändern. Wenn Sie erst einmal erfahren haben, welche Macht Sie mit dieser Methode über sich selbst und Ihre Handlungen haben, bekommt Ihr Leben einen vollkommen neuen Aspekt. Dies bezieht sich selbstverständlich nicht nur auf Golf, sondern auf alle Bereiche Ihres Lebens. Durch eine Kurzübung aus dem Autogenen Training können Sie eine Regeneration erreichen, die für den Nichtkenner des AT überhaupt nicht vorstellbar ist. Haben Sie sich im Büro oder einer Konferenz verausgabt, findet sich immer Zeit für eine kleine Pause, zum Beispiel auf der Toilette, wo Sie sich ohne weiteres für fünf bis sechs

Minuten auf die geschlossene Schüssel setzen und Ihre Kurzübung absolvieren können. Es ist für den Ungeübten nicht begreifbar, welchen Erholungseffekt ein paar Minuten AT haben können und wie fit Sie sich danach fühlen. Oft genug habe ich während eines Golfturniers, wenn unsere Gruppe warten musste, etwas abseits eine kleine AT-Pause eingelegt und, ohne dass meine Mitspieler dies überhaupt bemerkten, so viel neue Kraft getankt, dass ich mich an den nächsten Löchern so frisch gefühlt habe wie zu Beginn der Runde. Diese wertvollen kleinen Pausen sind der Hauptgrund, weshalb ich mir einen Golfkart mit einem bequemen Sitz gekauft habe. Jede Pause nutze ich – manchmal weniger als eine Minute – für diese Regeneration, die mir mehr hilft als eine halbstündige Unterbrechung im Clubhaus, bei der ich meist nur meinen Rhythmus verliere, ohne dabei viel neue Energie zu tanken.

Sollten Sie Probleme mit der Gesundheit haben, können Sie durch die Beeinflussung Ihres Unterbewusstseins oft mehr zum Guten verändern als der beste Arzt oder Chirurg. AT ersetzt nicht den Arzt, aber es schafft Voraussetzungen zur besseren Heilung, ganz gleich, um welche Art von Krankheit es sich handelt. Denken Sie dabei immer daran, dass der Glaube an den Erfolg schon der größere Teil des Erfolgs ist!

Schaffen Sie eine positive Einstellung für Ihr AT, indem Sie das notwendige Üben als angenehme Abwechslung betrachten und keinesfalls als anstrengend. Auch diese Vorstellung gehört zum AT, denn solange Sie sich auf Ihre Übungen freuen, werden Sie sie durchführen und damit zum Erfolg kommen. Die dadurch erlernte und erfahrene Disziplin verleiht nicht nur Selbstvertrauen, sondern strahlt auch auf alle anderen Gebiete ab. Das Wissen um die Beherrschung eines so starken Instrumentes, wie es das AT darstellt, gibt eine Zuversicht, die durch nichts zu ersetzen ist. Sie haben dadurch ein Werkzeug in der Hand, das Ihnen den Zugriff auf Ihr Unterbewusstsein erlaubt, und damit können Sie alle Grenzen Ihrer bisherigen Beschränkung überschreiten. »The sky is the limit« – Der Himmel ist die Grenze – Sie werden die Kraft dieser Worte erleben!

Zur Vorbereitung des AT hat sich die sog. »Progressive Relaxation« nach Jacobson als die beste Einführung herausgestellt (ich habe darüber bereits an anderer Stelle geschrieben). Das vielleicht beste Buch über die Jacobson-Technik ist wohl »Muskelentspannung nach Jacobson« von Wilhelm Johnen.

Durch die progressive Muskelentspannung gelangt der Teilnehmer eines AT-Kurses in einen sehr angenehm entspannten Zustand und lernt gleichzeitig die einzelnen Regionen seiner Muskelgruppen kennen, zu denen er sonst kaum eine bewusste Beziehung hat. Da nach jeder der einzelnen Übungen immer eine kleine »Fühl«-Pause eingelegt wird, die aufgrund der vorherigen Anspannung bestimmter Muskeln sehr deutlich wird, gelingt auf einfache Weise die Konzentration auf die sich im Körper abspielenden Vorgänge. Anfänglich wird sich der Kursteilnehmer nur kurz konzentrieren können und immer wieder durch seinen üblichen Gedankenwirrwarr abgelenkt werden, aber schon nach kurzer Zeit wird man an sich selbst eine enorme Verstärkung der Konzentrationsfähigkeit feststellen. Eine gute Übung ist es, sich wirklich zwei bis drei Sekunden und länger auf einen Punkt zu konzentrieren. Dadurch schaffen Sie die optimale Voraussetzung für gutes Golf.

Ich darf noch einmal darauf hinweisen, dass die Definition der Konzentration vor allem darin besteht, den rasenden Gedankenstrom zu unterbrechen und der rechten Hirnhemisphäre Gelegenheit zu geben, ihr kreatives Potential zu entfalten. Erinnern Sie sich daran, dass man AT auch »konzentrative Selbstentspannung« nennt. Je mehr man also in das AT eintaucht und es zu einem Teil seines Lebens macht, desto besser wird die Konzentrationsfähigkeit, nicht zu sprechen von all den anderen Aspekten des Lebens, die davon sehr positiv berührt werden. Mit dem Willen lässt sich viel erreichen, aber die Grenzen sind immer klar erkennbar. Das Geheimnis jeden Erfolgs ist es jedoch, die eigenen Grenzen – oft selbst geschaffen durch entsprechend »begrenzende« Gedanken – zu überschreiten. Wer das gelernt hat, wird immer weiter gehen und seine Möglichkeiten ins Unendliche ausdehnen können. Hier finden wir vielleicht die ultimative Freiheit, und wir müssen nichts weiter tun, als jeden Tag ein paar Minuten unserer Zeit dafür zu opfern.

Es ist genauso einfach, wie es sich anhört. Man benötigt die richtige Anleitung zum AT und den Willen, die einmal getroffene Entscheidung umzusetzen. Die Disziplin verstärkt sich während der Übungen bereits durch den Umstand, dass schon die anfänglichen, kleinen Fortschritte große, positive Änderungen bewirken. Die Tatsache, dass so viele Menschen mit AT beginnen und nach ein paar Versuchen wieder aufhören, hat nichts mit dessen Methode zu tun; die Ursachen können mannigfaltig sein. Oft ist es die eigene Trägheit und die Schwierigkeit, die notwendigen Übungen am Anfang konsequent durchzuführen; es kann auch am ungeeigneten oder unerfahrenen Trainer liegen. Wer es schafft, die ersten Wochen des AT durchzuhalten, beginnt ein neues Leben voller positiver Veränderungen und entfernt sich von der trägen Masse der Menschen, die sich damit begnügen, ihr Schicksal zu bejammern und nicht bereit sind, von sich aus etwas zu unternehmen. Schopenhauer sagte: »Wenn du dich so verhältst wie alle Menschen, dann wirst du so sein wie alle Menschen.«

# Die einzelnen Übungen des Autogenen Trainings

Ein Kurs umfasst sechs bis sieben Stunden, jeder der einzelnen Stunden dauert achtzig bis neunzig Minuten, abhängig von der Anzahl und dem Diskussionsbedarf der Teilnehmer. In der ersten Stunde wird das Wesen des AT dargestellt und es werden die ersten Übungen vorgeführt beziehungsweise erklärt.

Die erste Stufe des AT umfasst sechs Übungen:

## 1. Schwereübung

Damit ist die konzentrative Entspannung der Muskeln gemeint, wobei zunächst der rechte Arm (Linkshänder linker Arm) entspannt wird, weil wir ein besseres Verhältnis zu ihm haben. Die erste Übungsformel lautet dann: »Der rechte Arm ist ganz schwer.« Diese Formel (wie auch alle folgenden) wird nicht gesprochen, sondern man stellt sie sich ganz intensiv vor und wiederholt sie etwa sechsmal. Am Schluss kommt die Formel: »Ich bin vollkommen ruhig.« Danach wird die gleiche Übung wiederholt. Sollten störende Gedanken auftauchen, so lässt man sie ohne Widerstand durchziehen, ohne dabei ungeduldig zu werden, und konzentriert sich wieder auf die Formel. Selbst wenn man keinen Erfolg damit hat, fängt man einfach wieder von vorne an. Mit zunehmendem Training werden die Gedanken weniger.

Wir beschließen die erste Sitzung mit der Rücknahmeformel: »Arme fest, Arme strecken und beugen, tief ein- und ausatmen und dann: Augen auf.«

## 2. Wärmeübung

Üblicherweise beginnt man in der zweiten Übungsstunde mit der Wärmeübung, auch wenn man das Schweregefühl noch nicht erreicht haben sollte. Die neue Übungsformel lautet: »Der rechte (linke) Arm ist ganz warm.« Wir beginnen jetzt mit der Schwereübung (sechsmal), danach: »Ich bin vollkommen ruhig.« Anschließend wiederholen wir die neue Formel sechsmal und lassen folgen: »Ich bin vollkommen ruhig.« Am Schluss der zweiten Sitzung erfolgt dann wieder die Rücknahmeformel: »Arme fest, Arme strecken und beugen, tief ein- und ausatmen und dann: Augen auf.«

Wenn Sie bei dieser Übung Wärme fühlen, dann ist das ein Zeichen dafür, dass sich die Blutgefäße entspannt haben, während bei der ersten Übung eine reine Muskelentspannung stattfindet. Oft geschieht es, dass die Wärme früher gefühlt wird als die Schwere. Sollte sich kein Wärmegefühl einstellen, empfiehlt es sich, eine Schüssel mit warmem Wasser bereitzustellen oder sich in die Nähe eines Heizkörpers zu setzen und während der Übung den Arm ins Wassser oder auf die Heizung zu legen. Auf keinen Fall darf die Formel in »Der Arm ist heiß« verändert werden.

Bei der Wärmeübung kann die Temperatur im Arm um zwei bis drei Grad ansteigen.

## 3. Atemübung

Dabei geht es um keine Yoga-Atmung oder Ähnliches, sondern um das Hingeben an den Atem, so wie wir uns beim Schwimmen von den Wellen tragen lassen. Die neue Formel lautet: »Atmung ganz ruhig« oder »Atmung ganz gleichmäßig« oder »es atmet mich«. Die Übung am dritten Tag lautet jetzt:
»Ich bin vollkommen ruhig« (einmal).
»Der rechte Arm ist ganz schwer« (sechsmal).
»Ich bin vollkommen ruhig« (einmal).
»Der rechte (linke) Arm ist ganz warm« (sechsmal).
»Ich bin vollkommen ruhig« (einmal).
»Atmung ganz ruhig« (sechsmal).
»Ich bin vollkommen ruhig« (einmal).
»Atmung ganz ruhig« (sechsmal).
»Ich bin vollkommen ruhig« (einmal).
Am Schluss der dritten Sitzung folgt dann wieder die Rücknahmeformel: »Arme fest, Arme strecken und beugen, tief ein- und ausatmen und dann: Augen auf.«

## 4. Herzübung

Hierbei geht es um die Wahrnehmung des Herzschlags. Die Formel lautet: »Herz schlägt ganz ruhig und (kräftig) regelmäßig.« Bei dieser Übung sollte man keinesfalls den Begriff »langsam« verwenden, weil dadurch das Herz aus seinem natürlichen Rhythmus gelöst werden könnte und sich pektanginöse Zustände einstellen können. Es geht nicht darum, den Herzschlag zu manipulieren, sondern wir richten unsere Aufmerksamkeit von der Peripherie des Körpers auf das Innere, wodurch die Außenwelt mit ihren Reizen versinkt und damit die Entspannung vertieft wird. Falls man zu den 5 Prozent der Teilnehmer gehört, die ihren Herzschlag nicht spontan spüren, sollte man mit den Fingerspitzen die

Brust oder die Herzspitze berühren oder Ohropax in die Ohren stecken, um den Herzrhythmus besser zu empfinden.

Auch diese Übung wird, nachdem die vorausgehenden Übungen nach dem oben angegebenen Schema durchgeführt wurden, sechsmal wiederholt und mit »Ich bin vollkommen ruhig« begonnen und abgeschlossen. Wenn man die Übungen hier beendet, folgt immer die Abschlussformel: »Ich bin vollkommen ruhig«, dann: »Arme fest, Arme strecken und beugen, tief ein- und ausatmen und dann: Augen auf.«

## 5. Sonnengeflecht- oder Bauchübung

Wir haben oft genug erlebt, wie sensibel die Muskulatur des Magen-Darm-Kanals auf unsere Gemütsbewegungen reagiert und wie es sogar durch plötzliche, starke Angst zur spontanen Darmentleerung kommen kann. Es gibt viele Metaphern, die sich auf diesen Bereich beziehen: »Das liegt mir schwer im Magen« oder »mir kommt die Galle hoch«, »das ist mir auf die Leber geschlagen« und so weiter. Die Bauchorgane werden mit der Formel ruhiggestellt: »Sonnengeflecht (der Leib) strömend warm.«

Diese Formel wird wiederum sechsmal wiederholt und mit »Ich bin vollkommen ruhig« begonnen und abgeschlossen. Wenn man die Übungen hier beendet, folgt immer die Abschlussformel: »Ich bin vollkommen ruhig«, dann: »Arme fest, Arme strecken und beugen, tief ein- und ausatmen und dann: Augen auf.«

## 6. Stirnübung

Diese Übung bildet den Abschluss. Sie fördert eine angenehm kühle Stirn und führt uns gänzlich zur Entspannung und Ruhe. Die Formel hierfür lautet: »Die Stirn ist angenehm kühl.« Auch hier dürfen zur Verstärkung des angestrebten Effekts keine stärkeren Worte wie »kalt« oder »eiskalt« verwendet werden, die zu Kopfschmerzen führen können. Wenn sich die Stirnkühle nicht gleich einstellen will, dann hilft oft die Vorstellung einer leichten Brise, die über die Stirn streicht.

Auch diese Übung wird sechsmal wiederholt und mit der bekannten Rücknahmeformel abgeschlossen: »Ich bin vollkommen ruhig«, dann: »Arme fest, Arme strecken und beugen, tief ein- und ausatmen und dann: Augen auf.«

Später, wenn die Übungen in Fleisch und Blut übergegangen sind, kann man die Formel abkürzen in:
- »Ruhe – Schwere – Wärme«,
- »Herz und Atmung ganz ruhig«,
- »Sonnengeflecht strömend warm«,
- »Stirn angenehm kühl«,
- Zurücknahme: »Arme fest – tief atmen – Augen auf«.

## Widerstand gegen das Autogene Training

Kommt es vor, dass der eine oder andere dieser Methode widersteht oder sich dagegen wehrt? Dr. Kai Kermani, der englische AT-Spezialist, spricht hier vom »RAT«-Faktor: »Resistance to AT«, also vom Widerstand gegen AT. Wann immer man etwas Neues, Ungewohntes unternimmt, das eine Veränderung und neue Sicht der Dinge bewirken kann, dann stellt sich oft ein Widerstand ein, der auch aus der Angst geboren wird, etwas zu verlieren oder seine Zeit zu verschwenden, oder man glaubt ganz einfach nicht an die Wirkung. Dieser Widerstände sollte man sich bewusst sein und deren Gründe vor Augen halten. Oft ist es so, dass wir zurückhaltend sind, wenn es darum geht, uns die notwendige Zeit für das Training einzuräumen und für uns selbst zu sein. Es ist sehr wichtig, diese erste Klippe rechtzeitig zu umschiffen, da wir uns sonst sehr schnell unserem inneren Widerstand ergeben, die einsetzende Frustration nicht mehr beherrschen und das Gefühl haben, auf einer falschen Spur zu laufen. Dabei gibt es viele subtile Formen, die uns täuschen können. Deswegen müssen wir sie erkennen, um sie frühzeitig in den Griff zu bekommen. Solche Formen des Widerstandes können als Blockierung auftreten, was nicht unbedingt schlecht sein muss, denn sie verhindert, dass wir zu früh und zu schnell in die Tiefen unseres Unterbewusstseins tauchen, zu einem Zeitpunkt also, da wir noch nicht dazu bereit sind.

Eine der oft gehörten üblichen Bemerkungen im AT-Kurs ist, dass die Stimme des Trainers so angenehm beruhigend und entspannend wirke, ob man nicht vielleicht eine Kassette davon haben könne. Dies ist eine ganz klare Indikation für »RAT«. Der Teilnehmer ist glücklich, dass er an dem Kurs teilnimmt und freut sich, dass ein Fremder die Arbeit macht und man sich nur zurückzulehnen brauche, um vollkommen zu entspannen. Zu Hause findet er dann Ausreden im Übermaß, um die vorgeschriebenen Trainings zu verschieben oder ganz damit aufzuhören.

# Schlussgedanken

Wenn Sie einmal das Autogene Golf und das Autogene Training erlernt haben, wird dies Ihr ganzes weiteres Leben sehr positiv beeinflussen. Es ist wie beim Lesenlernen: Wer einmal als Kind lesen gelernt hat, wird später nie mehr eine Buchstabenfolge sehen können, ohne die Buchstaben als Wort lesen zu müssen. J. H. Schultz spricht hier vom »Vollzugszwang«. Wer demgemäß im Autogenen Training gelernt hat, »sich zu lassen«, der wird gelassen und sieht sich künftig gezwungen, dort mit Ruhe zu reagieren, wo er früher mit Nervosität oder erhöhter Spannung geantwortet hat. K. Thomas spricht in seinem Buch »Praxis der Selbsthypnose des Autogenen Trainings« von einer allgemeinen »Resonanzdämpfung der Affekte«, die zu einer wesentlich gelasseneren Grundhaltung führt und somit gerade beim Golf einen erheblichen Zuwachs an positivem Potential bedeutet.

Die formelhaften Vorsätze des Autogenen Trainings haben eine beträchtliche Langzeitwirkung auf den Gebieten der Selbsterkenntnis, der Verbesserung des Selbstbewusstseins und der Charakterbildung. Eine weitere Hauptwirkung besteht in einer systematischen Steigerung der Konzentration, die, wie Sie im Abschnitt »Selbstvertrauen und die Kunst der Konzentration« erfahren haben, eine der allerersten Voraussetzungen für jeden ernsthaften Golfer ist. Es ist auch interessant zu wissen, dass die indischen Psychologen mehrheitlich (so wie K. Thomas von seinem Indienbesuch berichtet) kein Yoga, sondern Autogenes Training betreiben. Dies kann als ein Zeichen gelten, dass die moderne, westliche Methode des Autogenen Trainings die uralten und sehr wirksamen Übungen des Yoga erreicht und aufgrund der leichteren Erlernbarkeit überholt hat. James H. Leuba schreibt in seiner »Psychologie der religiösen Mystik«: »Erst wenn der menschliche Wille zu streben aufhört und sich dem göttlichen Willen unterwirft, wird es Gott möglich, sich mitzuteilen.«

Golf ist Leben in seiner spielerischen Form, und es wird Ihnen sicher helfen, diesen Satz von J. H. Leuba mehrfach zu lesen und ihn wirken zu lassen. Sollte Ihnen dieser Satz zu religiös klingen, dann hilft Ihnen möglicherweise meine – sehr freie – Übersetzung: »Das Beste, was uns von unserem Schöpfer mitgegeben wurde, ist der Instinkt. Wenn wir uns auf ihn verlassen (beim Golf) und unseren Willen bezähmen, dann werden all die Dinge einfacher, die sich unserem logischen Verstand verschließen.«

# Literaturverzeichnis

BERKOWITZ, CH.: The Frustration-Agression Theory, aus: A Social Psychological Analysis. McGraw Hill, New York 1962

BICK, C. H.: Erfolgreich durch Hypnose. Langen Müller, München 1997

–: Mapping in Hypnosis, in: *Journal of Neuroscience*, Bd. 47, 1-2. New York, Gordon and Breach

BIERMANN, G.: Autogenes Training mit Kindern und Jugendlichen. Reinhardt, München 1977

BLAKESLEE, T. R.: Das rechte Gehirn. Aurum, Freiburg 1982

BLANCHARD, K.: Der Minuten Golfer. Jahr Verlag, Hamburg 1992

– : Playing the Great Game of Golf. W. Morrow, New York 1992

BOYCE, M.: Zoroastrians. Routledge & Kegan, London 1979

BRADLEY, J./A. KÖLBING: Richtig Golf. BLV, München 1998

BROWN, R.: The Golfing Mind. Lyons & Burfield, New York 1994

BRUMER, A.: The Price is Right. »The Golfer«-Yearbook, S. 36. New York

BUCHMEIER, W.: Texte und Aufgaben zur Sportpsychologie. Seminartext

BUMS, D.: Feeling Good: The New Mood Therapy. Avon Books, New York 1980

CHARLESWORTH, E.A./N. CHARLESWORTH: Stress Management. Ballantie, New York 1982

CHERTOK, L.: Geist und Psyche, Hypnose. Kindler, München 1973

COHN, P. J.: The Mental Game of Golf. Diamond Comm., South Bend, IN/USA 1994

COLEMAN, J.: Luthe's Cathartic Autogenic Training. Bafatt Public, London 1989

COOP, R.: Mind over Golf. Macmillan, New York 1993

COUSINS, N.: Anatomy of an Illness. Bantam Books, New York 1977

COVEY, S. T.: The 7 Habits of Highly Effective People. Simon & Schuster, New York 1989

DANTE, J.: The Four Magic Moves. Doubleday, New York 1995

DOUILLARD, J.: Body, Mind and Sport. Crown Trade, New York 1994

DÜRCKHEIM, K.: Zen und wir. Fischer, Frankfurt 1976

EBERLEIN, G.: Autogenes Training fiir Kinder mit Märchen. Econ, Düsseldorf 1976

ECCLES, J. C./H. ZEIER: Gehirn und Geist. Fischer, Frankfurt 1984

ENHAGER, K.: Quantum Golf: The Path to Golf Mastery. Warner Books, New York 1991

FALDO, N.: Golf – The Winning Formula. Burford Books, Short Hills, NJ/USA 1998

FASCLANA, G. S.: Golfs Mental Magie. Holbrook, Oxford, MA/USA 1992

FOREL, A.: Der Hypnotismus oder die Suggestion und die Psychotherapie. F. Enke, Stuttgart 1921

FRANKL, V.: Man's Search for Meaning. Washington Square Press, New York 1963

FREITAG, E.: Kraftzentrale des Unterbewußten. Mosaik-Bertelsmann, München 1998

FREUD, S.: Aus den Gesammelten Werken: Zur Einführung des Narzißmus, Bd. 10. Fischer, Frankfurt

FROMM, E.: Die Seele des Menschen. Ullstein, Berlin 1981

–: Psychoanalysis and Zen Buddhism. Harper & Row New York 1960

–: Beyond the Chains of Illusions. Simon & Schuster, New York, 1962

–: C.G. Jung: Prophet of the Unconscious, in: «Scientific America«, S. 283-290. New York 1963

GALLWEY, W. T.: The Inner Game of Golf. Random House, New York 1981

GARFIELD, CH. A.: Peak Perfomance: Mental Training Techniques of the World's Greatest Athletes. J. P. Tarcher, Los Angeles 1984

GAWEIN, S.: Creative Visualisation. Bantam Books, New York 1985

GAZZANIGA, M. S.: Das erkennende Gehirn. Junfermann, Paderborn 1989

GRAHAM, D.: Mental Toughness Training for Golf. Pelham Books, New York 1990

HAULTAIN, A.: The Mystery of Golf. Applewood Books, Bedford, MA/USA 1908

HAWKINS, F. H.: Human Factors in Flight. Gower Techn. Press, Aldershot, Hants/UK 1987

HEBRON, P.: See and Feel the Inside Move the Outside. Rost Ass., Smithtown, New York 1984

HERRIGEL, E.: Zen in der Kunst des Bogenschießens. O. W. Barth, München/Bern 1983

HOFFMANN, B.: Handbuch autogenes Training: Grundlagen, Technik, Anwendung. DTV, München 1997

HOGAN, B.: Five Lessons: The Modern Fundamentals of Golf. Simon & Schuster, New York 1957

HOGAN, CH.: Five Days to Golfing Excellence. T&C Publishing, 1986

INSLER, S.: The Gathas of Zarathustra. Alta Iranica Publishers, 1974

JACKINS, H.: The Human Situation. Rational Island Press, Seattle 1973

JACOBS, J.: Golf ohne Fehler. Jahr Verlag, Hamburg 1979

JAMISON, S. T.: Making Golf Work, in: *Golf Magazine*, S. 72. New York, Oktober 1994

JANSEN, D.: Winning the Mind Game, in *USA-Weekend*, Juli 1994, S. 4–6

JOBE, F.: Exercise Guide to Better Golf. Champion Press, 1994

JOHNEN, W.: Muskelentspannung nach Jacobson. Gräfer & Unzer, München 1995

JONES, B.: Bobby Jones on Golf. Doubleday, New York 1966

JOVANOVIC, U. J.: Methodik und Theorie der Hypnose. Fischer, Frankfurt 1988

JUNG, C. G.: Memories, Dreams, Reflections. Oxford Univ. Press 1963

KATZENSTEIN, A.: Suggestion und Hypnose in der psychotherapeutischen Praxis. G. Fischer, Jena 1978

KELDER, P.: Die fünf Tibeter. Integral/Scherz, München/Bern 1997

KENTON, L.: Raw Energy. Century Hutchinson, London 1984

KERMANI, K.: Autogenic Training. Souvenir Press, London 1990

KÖLBING A./A. STEINFURTH: Richtig Golf länger und genauer. BLV, München 1999

LAKEIN, A. L.: How to get Control of Your Time and Your Life. Wyden, New York 1973

LANGEN, D.: Der Weg des Autogenen Trainings. Wissenschaftl. Buchgesellschaft, Darmstadt 1968

LECHEHAYE, M. A.: Symbolic Realization. Int. Univ. Press, New York 1955

LE SAHN, L.: How to Meditate. Tunistone Press, USA 1983

LEUBA, JAMES H.: Psychologie der religiösen Mystik

LINDEMANN, H.: Überleben im Stress. Heyne, München 1995

LINKS, B.: Follow the Wind. Simon & Schuster, New York 1995

LOEHR, J. E.: Die neue mentale Stärke. BLV, München 1998 (2.A.)

–: Tennis im Kopf. BLV, München 1997 (3.A.)

–: Mentaltraining. BLV, München 1991 (2.A.)

LUTHE, W.: Creative Mobilisation Technique. Grand & Stratton, New York 1976

MACKENZIE, M. M.: Follow the Wind. Dell, New York 1995

–: Golf the Mind Game. Dell, New York 1990

MAYER, L.: Die Technik der Hypnose. Lehmanns Verlag, München 1952

MILLER, L.: Beyond Golf. Stillpoint Publishing 1996

–: Holographic Golf. Harper Collins, New York 1993

MOORE, CH.: The Mental Hazards of Golf. Hunter and Assoc., 1990

MURPHY, M.: Golf in the Kingdom. Dell, New York 1972 (deutsche Ausgabe: Golf und Psyche – Der kleine weiße Ball und die Intuition des Spiels. Piper, München 1999)

MUTIMER, P.: Zen Tennis. BLV, München 1997

NAKKEN, C.: The Addictive Personality. Harper & Row, San Francisco 1988

NICKLAUS, J.: Lesson Tee. Simon & Schuster, New York 1977

–: Golf my Way. Simon & Schuster, New York 1974

–: My Strongest Weapon, in: *Golf Magazin*, Dezember 1993

PEALE, N. V.: Die Kraft des positiven Denkens. Bastei Lübbe, Bergisch-Gladbach 1986

PELLEIER, K. R.: Mind as a Healer: Mind as a Slayer. Delta Books, USA 1977

PENICK, H.: Golf-Weisheiten – Das kleine rote Buch. BLV, München 1998 (5.A.)

PIETRONI, P.: Holistic Living. Dent & Sons, London 1988

PLAYER, G.: Golf begins at 50. Simon & Schuster, New York 1988

–: Fit for Golf. Simon & Schuster, New York 1995

POPPER, K. R.: Das Ich und sein Gehirn. Piper, München 1982

ROTELLA, B.: Golf ist Selbstvertrauen. BLV, München 1998

–: Psychological Foundations of Sports, Mind Mastery for Winning Golf. Englwood Cliffs, New York 1981

SCHULTZ, J. H.: Das Autogene Training: konzentrative Selbstentspannung. Thieme, Stuttgart 1970

–: Hypnose-Technik. Fischer, Frankfurt 1965

SCHULTZ, J. H./W. LUTHE: Autogenic Methods. Grune & Statton, New York 1969

SCHWÄBISCH L./M. SIEMS: Selbstentfaltung durch Meditation. Rowohlt, Reinbek 1976

SEIDL, A.: Das Weisheitsbuch des Zen-Bi-Yän-Lu. Hanser, München 1988

SHAPIRO, A.: Golfs Mental Hazards. Simon & Schuster, New York 1998

SHOEMAKER, F.: Extraordinary Golf – The Art of the Possible. Berkley Publishing Group 1996

SUZUKI, CH.: Zen Mind, Beginner's Mind. Weatherhill, New York 1970

THIELE-DORMANN, K.: Intuition. Kabel, Hamburg 1990

THOMAS, K.: Praxis der Selbsthypnose des Autogenen Trainings (nach J. H. Schultz). Thieme-Verlag, Stuttgart 1972

TOSKI, B./J. FLICK: How to become a complete Golfer. Golf Digest Books, 1978

UPDIKE, J.: Golf Dreams. Ballantine Books, New York 1996

VAN KAMPEN, K.: Visual Golf. Simon & Schuster, New York 1992

WAGGONER, G.: Divots, Shanks, Gimmes, Mulligans and Chili Dips. Villard Books 1993

WALLACE, A.: The Psychic Healing Book. Tumstone Press, USA 1978

WALLACH, J.: Beyond the Fairway, Zen Lessons, Insights, and Inner Attitudes of Golf. Bantam Books, New York 1995

WALLNÖFER, H.: Seele ohne Angst. Autogenes Training und Hypnose: Wege zur Entspannung. Naglschmid, Stuttgart 1992

WEEKES, C.: Self Help for Your Nerves. Angus & Robertson, London 1962

WESTERHAUSEN, R.: Autogenes Training. Dreisam 1993

WHEELLS, A.: How People Change. Harper & Row, New York 1973

WIESENHÜTTER, E.: Hypnose und Autogenes Training in der psychosomatischen Medizin, in: Schriftenreihe zur Theorie und Praxis der med. Psychologie, Bd. 17. Stuttgart 1971

WILLIAMS, R./W. WILLIAMS: Anger Kills. Harper Collins, New York 1993

WIREN, G./C. WIREN: The New Golf Mind. Simon & Schuster, New York 1978

# Der Weg zum besseren Handicap.

Alexander Kölbing / Achim Steinfurth
**Richtig Golf länger und genauer**
Die Bewegungsabläufe verstehen –
besser golfen: Analyse jedes Golfschwungs, der für Länge und Richtung
des Schlages verantwortlich ist, sowie
vertiefendes Wissen, Fehleranalysen
und konkrete Anleitungen zur Spiel-
verbesserung.

John Bradley / Alexander Kölbing
**Richtig Golf**
Ein didaktisch gut aufgebauter Golf-
Kompaktkurs, der eine perfekte Ein-
führung in Technik, Taktik und Psyche
dieses diffizilen Sports gibt.

Peter Chamberlain
**Golf-Rezepte**
Die Erfolgsrezepte gegen Golfprobleme:
72 schwierige Spielsituationen und
wie man sie meistert; Taktik und Technik mit gezielten Trainingsempfehlun-
gen, um den Schwung zu verbessern
und mehr Routine zu entwickeln.

Mike Palmer
**Mike Palmer's neue Golfschule**
Kompaktkurs mit Erfolgsgarantie für
Golfer aller Spielstärken – das systema-
tisch aufgebaute Lernprogramm in Text
und Bild, Schritt für Schritt leicht nach-
vollziehbar: Grundlagen für ein erfolgreiches Spiel, Schlag- und Schwungtechniken, Material und Ausrüstung.

Alexander Kölbing / Achim Steinfurth
**Richtig Golf rund ums Grün**
Die Technik des kurzen Spiels verbessern – ein wertvolles Aufbautraining
für den fortgeschrittenen Golfer,
methodisch leicht verständlich und
unterhaltsam vermittelt.

# Know-how rund ums Grün.

Harvey Penick / Bud Shrake
**Harvey Penick's Golf-Weisheiten**
Das Kultbuch für Golfer: Harvey Penick's
Lehrmethoden und Erfahrungen aus
60 Jahren Golflehrer-Tätigkeit, die es
Golfern jeder Spielstärke ermöglichen,
ihr Spiel zu verstehen und zu verbessern.

Weitere Bände in dieser Reihe:

**Und spielst du Golf, bist du mein
Freund · Den Damen, die das Golfspiel lieben · Golf-Inspirationen**

Hans-Joachim Walter
**Fairways zwischen Wasser, Wind
und Wolken**
Golfen in Irland auf Fairways zum
Träumen: Vorstellung und Interpreta-
tion der 70 wichtigsten Plätze – mit
Insiderwissen aus erster Hand: über
Platzbeschreibungen mit Strecken-
führung, landschaftliches Umfeld,
Geschichte und Besonderheiten.

Ulrich Kaiser
**Golf Know-how von A–Z**
Das erste deutschsprachige Golf-
Lexikon: 1000 Namen, Fachausdrücke,
ungewöhnliche Begriffe und interes-
sante Fakten des Golfsports – stich-
wortartig, fundiert und äußerst unterhaltsam erklärt.

Bob Rotella
**Golf ist Selbstvertrauen**
Die psychologischen Aspekte des Golf-
erfolgs: das Selbstvertrauen stärken
und ins Spiel bringen, professionelle
Spielroutine entwickeln und persönliche
Spielpläne erarbeiten.

---

*Im BLV Verlag finden Sie
Bücher zu den Themen:*  Garten und Zimmerpflanzen • Natur • Heimtiere • Jagd und Angeln • Pferde
und Reiten • Sport und Fitness • Wandern und Alpinismus • Essen und Trinken

*Ausführliche Informationen erhalten Sie bei:*

**BLV Verlagsgesellschaft mbH · Postfach 40 03 20 · 80703 München
Tel. 089 / 127 05-0 • Fax 089 / 127 05-543 • http://www.blv.de**